小説にできること

藤谷治 Fujitani Osamu

★――ちくまプリマー新書
472

目次 ＊ Contents

イラスト　ささめやゆき

はじめに

まず「本」の話。

この本は、小説のことなんか別に興味ない人のために（も）書かれている。

小説をあんまり重要に思っていない人、あってもなくてもいいもんだと思っている人、なんで小説なんかを真剣に研究したりする人がいるのか判《わか》らない人、「文系」を内心で見下している人。そういう人に、この本が届けばいいと、願いながら僕はこれを書いた。

小説は、小説が好きな人のためだけにあるのではない。

それにどんなことでも、それに真面目に取り組んでいる人がいる分野を、一応、知っておくのはいいことだ。

自分にとっては全然興味のないことでも、誰かにとっては一大事で、生涯をかけて立ち向かっている人がいる。そんなジャンルについて、こっちにはカンケーねえし、とか思って無視をするのは、とんでもなくつまらないことだ。それは結局、自分の狭い殻に閉じこもっているのと同じだからだ。

数学や物理学、フランス料理や石の種類やメロヴィング王朝について、君はまるで興味がないかもしれない。それでもそういったことを、一応知っておくことは、君の世界を広げ、君の引き出しを増やす。

小説も同じだ。どんなことでも、ちょっと知っておくというのは悪いことじゃない。ちょっと知ったことがきっかけになって、がぜん興味が湧いて、それまで知らなかったその分野にどんどんのめりこんでいく、ということだってある。

小説というのは本の一種だ。

本はたくさんある。それくらい、誰でも知っている。

けれども本には、あんまり人が知らない側面がある。知らないんじゃないかもしれない。そんな風に考えたことのある人が少ない、ってだけかもしれない。

それは、この世にあるすべての本が、すべての人のために書かれている、という、驚くべき事実である。まさかと思うかもしれないが本当なのだ。

それが証拠に、ちょっと実験をしてみよう。

本棚の中にまだ読んでいない本はあるだろうか。なければ辞書はどうだろう。辞書もなければ図書館に行く。図書館の二番目の棚の一番上の、右から十五冊目を取り出してほしい。そこにはきっと君の知らない、興味もない本があるはずだ。医学の本かもしれないし、歴史の本かもしれない。絵本かマンガかもしれない。なんだって構わない。その本をランダムに開く。するとそこに、何かが書いてあるはずだ。

それを君は読む。

「相続税を計算する際、財産は相続開始時の『時価』で評価するのが原則です」（はじめての相続・贈与ABC　日本相続新聞社）

「こうした静かな声、かすかな感情はわれわれの体の内部のどこから発せられるものなのであろうか？」（天使の事典　柏《かしわ》書房）

「年甲斐《としがい》もなく若い者の中へ這入《はい》つて同じ様に、押出したのは大人気《おとなげ》ねえが、生れついての喧嘩《けんか》好き」（加賀鳶《とび》　岩波文庫）

……何いってんだかサッパリ判らん。でも本当は判らないわけじゃない。最初の文章に、財産は相続を開始した時にいくらだったか（＝時価）で値段を決める（＝評価する）ということが書いてあることは、判る。三番目の文章が、年寄りの人が若い人の中に飛びこんでいったのは、喧嘩が好きだからだ、という意味なのも判る。つまり、前後の脈絡が判らないというだけで、そこにあらわれた文章は読める。

それを君は読んだ。決して出会うはずのなかった本の文章を読んだ。なぜか。僕が図書館に行けと命じたからではない。そこにどんな本があるのか僕は知らないし、君がどんな本を開いたかも知らないのだから。僕の指示はただのキッカケだ。読んだのは君である。

問題は、なぜ君はそれを読めたのか、ということだ。答えはひとつしかない。そこにその本があったからだ。

では、なぜそこにあったその本は、君に読まれたのか。これもまた僕の差し金とは大して関係がない。それは、君が読めるところにその本があったからだ。

これが僕のいいたいことである。君が読めるところにある本なら、君は全部読むことができるのだ。そしてこの世にあるほとんどの本は、実は、君が読めるところにある。チベットの山奥にしかない本とか、百万円の本は別だけれど。

　ということは、この世にあるほとんどの本を、君は読むことができるわけだ。本というのはそういう風に作られているのである。君が読めるように作られているのが「本」なのである。そしてそれは、君ひとりが持っている特権ではない。誰にとっても「本」は、そのように、読まれるように、作られている。

（ちなみに、外国語の本が読めないのは、「その外国語が読めない」だけで、その言葉が読めれば、読めるようになる。これはヘリクツじゃないよ！）

　もちろんこの世にあるすべての「本」を読むことは、誰にもできない。だけどすべての「本」を読んだって、全然かまわないのだ。というか「本」の方は、読まれることを待っているのである。じゃなきゃ読めるように書いてあるわけがない。

　君が読めばすべての本が読めるように、すべての人はすべての本を、読めば読めるのであり、本がそのように作られている以上、本とは、すべての人のために書かれているのは明らかなのである。

そのような本の一種として、小説はある。


本も数え切れないくらいたくさんあるが、小説もずいぶんたくさんある。

小説って、いくつくらいあるのかなあ。本て、どれくらいあるのかなあ。

そんなことを考えていると、僕は、むかし数学の先生が言っていた言葉を思い出す。

「無限の中には、無限が無限に含まれている」

人間の数には限りがあるし、その中で小説を書いている人間はさらに限られているんだから、数学の無限とは比べ物にならないだろうけれど、でもなんか、そんな感じがしてしまうくらい、小説はいっぱいある。

なんでいっぱいあるか。その理由の一つは、小説が消耗品だからだろう。少なくとも消耗品として扱われているからだろう。同じ小説を二度読む人は、ほとんどいない。たいていの小説は、一回読んだらそれでお役御免である。

こう書くと、いやそんなことはないぞと思う人がきっと出てくるだろう。教科書に載っている小説を何度も読んだり、外国語の小説を理解できるまで、同じところを繰り返し読んだりした経験は、誰にでもあるから。

しかしそれが極めて例外的な小説の読み方だということも、実はみんな知っている。教科書の小説を何度も読むのは、試験でいい点を取るためだし、外国語の小説を辞書を引きながら読むのは、外国語の習得のためであって、小説を読むというのとは、ちょっと趣きが違う。そしてそうやって何度も読む小説は、一作か、二作か、三作かと、数えられる程度のもので、一方では何十、何百という小説を、人は読み捨てている。

犯人が判っちゃったら、大半の推理小説はそれでオシマイだ。ストーリーがわかったら、オチにビックリしたら、泣かされたら、それでもういいという小説もある。そこにあることを、一回吸収したらそれで充分。二回読んでも同じ感動を味わえるとは思えない。長い小説は読み切ると達成感と疲労感が残るから、とてもじゃないけどもう一度スタートからやりなおすなんてできない。……というように、小説を読んだら読み捨てにする理由は、いくらでもあるものだ。

それは悪いことでも何でもない。飛行機に乗って本を開いて、ロサンゼルス空港に到着したら読み終わって、空港のごみ箱にポイ。そんな本は無駄なようだが、無駄ではない（資源ごみのごみ箱に入れましょう）。それは空の旅という、ロマンチックに聞こえるけれど案外退屈な時間を楽しく潰してくれるという、れっきとした役目を果たしている。

むしろそんな、軽くてスッキリ読める小説ばかり読んでいる人のほうが、世の中には多いのだろう。言葉の表現が難しかったり、内容が複雑だったり、深刻な問題を扱っている小説なんか、まっぴらごめんと思っている人たち。そういう人たちの中には、いわば判っていてその手の小説を避ける人もいる。小説というのは気楽なものこそ優れていて、難解な小説というのは「うまく書けていない小説」というのと同じだ、と考えている人だっている。

それはひとつの見識である。実を言うと僕もじゃっかん、そっちの考えに傾いている。少なくとも軽く読める小説を、軽く読めるという理由で重厚な小説よりも下に見るのは間違っていると思う。

なぜなら歴史的に、発表当時は読み捨て同然の作品と思われていたけれど、やがて評価が高まり、今では偉大な作品だとみなされている小説があるのだから。セルバンテスの『ドン・キホーテ』は、発表当時は単に愉快な面白小説と思われていたが、今では西洋文学の最も重要な作品のひとつとして研究されている。ジェームズ・M・ケインの『郵便配達は二度ベルを鳴らす』は、あちこちの出版社に断られ続けた犯罪小説だが、今では極めて重要なアメリカ小説だと多くの評者が認めている。

小説の基本は娯楽だと僕は思う。しかしだからと言って、難解だったり長大だったり複雑だったりする小説を、それだけで失敗作とは思わない（当たり前だ）。ロマン・ロランの『ジャン・クリストフ』やヘンリー・ジェイムズの『鳩《はと》の翼』、紫式部の『源氏物語』などは、いずれも難解で長大で複雑な小説だが、僕は（へこたれそうになりながらも）二度三度と読んで、その都度感銘を受けた。大学の文学部に行けば、これらの小説を生涯かけて読み続ける人だっている。それはこういった小説が、生涯をかけるだけの値打ちがあるからだ。

しかし、なんでそんな小説があるんだろうな、と不思議に思うのは、自然な気持ちじゃないだろうか。テレビのない時代には長い小説が好まれた、という事情もあるだろうけれど、長くて面白いヴィクトル・ユーゴーの『レ・ミゼラブル』やチャールズ・ディッケンズの『デイヴィッド・コパーフィールド』や曲亭馬琴《きょくていばきん》の『南総里見八犬伝』なんていうものもある。みんなそんな風に書けばいいじゃないか。なんでことさら複雑に、難解に書いてあるんだ。困るじゃないか。

それは、小説というものが、いろんなことをできるからだ。さらさらと流れるように書くこともできるけれど、難解に書くこともできるのが小説なのだ。

そして小説は、さらさら書いてもいいし、難解に書いてもいいのである。難解に書かれた小説は、読者のことを考えていないのではない。それどころか読者のために書かれているといえる。読者とは君のことであり、すべての人のことでもある。

(ちなみに「読者のことを考えていない小説」はある。ただしそれは難解に書かれたものにだけじゃなく、さらさら書かれた小説にもある。しかも「読者のことを考えていない小説」を、すべてひっくるめて「ダメな小説」と言い切ることもできない。そこが小説というものの語りにくい、やっかいなところのひとつだ。一個の小説がダメかダメじゃないかは、結局、読者である僕たちが、その小説を前にしてどう感じるかにかかっている)

それに、そうだ、さらさら読めてあっさり捨てられるような消耗品小説を小説のすべ

て と思っていれば、小説のことなんか真面目に考える必要はないと思ってしまうのも無理はない。だが実際にはそうではない。(それに僕は「さらさら書く」と「さらさら読める」を混同してしまっていた。「さらさら書く」のは、決して簡単なことじゃない)小説にはいろんな側面があり、いろんな可能性がある。

この本ではその、小説が持つ多様な側面と可能性の、代表的なものを取り上げていこうと思う。小説という文学ジャンルがどれだけ広大か、どれだけバラエティに富んでいるか、そしてどれだけ可能性を秘めているかを、ちょっとだけでも君に伝えられたら、この本は成功だ。小説もそう馬鹿にしたもんじゃない、あるいは、敬遠するのはもったいないと、君が思ってくれたら、僕は嬉《うれ》しい。

第一章　小説にはなんでもできる（技術篇）

本屋さんに行く。図書館に行く。たくさん本がある。

そこから一冊、本を選ぶ。ページを開くと、文章が始まっている。

その文章を、読んでいく。君が今まさにこの本を読んでいるように。

別に特別なことじゃない。誰もがけっこう日常的にやっていることだ。

ただ、人は何かを読んでいる時に、ある大事なことを忘れがちである。忘れても読むのに支障はないんだけれど。でも文章を書いている側からすると、忘れてほしくないもんだなあ、と思うことだ。

それは、本に書いてある文章は、書かれる前は、なかった、ということだ。

当たり前じゃないかと思うかもしれない。僕も思う。本の中に文章があるのは、誰かが書いたからだ。書くまでは、なかった。書かなきゃ、ない。決まっている。言うまでもないことだ。

しかしそれは、当たり前で決まっていることだけれど、「言うまでもない」ことではない。

名著だ、名作だと言われている本であろうと、映画やテレビドラマになって評判の本であろうと、義務的に読まされる教科書の文章であろうと、書かれる前には、存在しなかった。


「吾輩《わがはい》は猫である。」

「『ではみなさんは、そういうふうに川だと言われたり、乳の流れたあとだと言われたりしていた、このぼんやりと白いものがほんとうは何かご承知ですか』」

「つれづれなるままに、日暮らし、硯《すずり》にむかひて、心にうつりゆくよしなしごとを、そこはかとなく書きつくれば、あやしうこそものぐるほしけれ。」

どれも有名な文章の冒頭だ。読んだことのある人も多いだろう。

けれどもこういう古典的というか、誰でも知っているというか、そういう文章さえ、書かれる前には、どこにもなかったのだ。これらの文章は、誰かが書いたから、今ここにある。みんなに読まれたとか、有名になったとかいうことは、すべて書かれたあとに生じた出来事である。

夏目漱石《なつめそうせき》が『吾輩は猫である』を書いたのは、友だちの雑誌に「何か書いてくれ」と言われたからだ。漱石は自分が精神的に苦しかったのを紛らわせるために、友だちの依頼に応じた。

宮沢賢治はまったくなんのあてもなく『銀河鉄道の夜』を書いた。誰かが読んでくれるとも期待していなかった。完成させていなかったのだから。『銀河鉄道の夜』は完成作品ではない。完成させる前に、賢治は亡くなってしまった。

兼好法師《けんこうほうし》にいたっては、そもそも人に読ませるつもりがあったかどうかも判《わか》らない。日ごろから思っていたことや、人から聞いた話を書きつけていて、それを『徒然草《つれづれぐさ》』としてまとめはしたものの、最初は自分用の備忘録、メモみたいなものだったんじゃないかと思う。

この三人の中には、オレがこう書いたら、有名になって評判になって教科書に載るだろう、なんて思って書いた人は一人もいない。というか、そんなことを考えて文章を書いている人はいない。

誰にとっても、文章を書く前にあるのは、真っ白な紙と筆だけだ。

小説の文章も例外じゃない。というか、「書かなきゃ始まらない」というのは、小説を書く人間にとって、とりわけ厄介というか、わずらわしいというか、苦しい事実だ。なぜなら小説というのは、どんなことでも書けるからである。

小説は、なんでも書くことができる。昔のこと、今のこと。本当のこと、嘘《うそ》のこと。西のこと、東のこと。山のこと、海のこと。自分のこと、他人のこと。どんなことでも。

小説をたくさん読んで、小説に詳しい人ほど、「小説とは何か。どんなものか」という問題に答えるのが難しく、頭を抱えてしまうのは、これが理由のひとつだ。

たとえば「小説とは、山のことを書いているものである」とすると、海のことを書いている小説は、小説じゃないことになってしまう。じゃ、「山のことか海のことが書いてあるのが小説だ」とすると、今度は川を書いた小説はどうなる、ということになって、しょうがないから「山か海か川が書いてある」とどんどん足していっても、海も山も関係ない小説があったりして、きりがない。

それなら、っていうんで、いっそ「どんなことが書いてあっても小説だ」ということにしちゃうと、それはそれで、おかしなことになる。それこそ『徒然草』も小説ということになってしまうし、受験参考書や六法全書や料理の作り方の本も小説のうちに入ってしまう。

小説とはこういうものだと、はっきり指さすのは、とても難しい。

なんでも書けるという小説の特徴には、意味が大きく分けて二種類ある。

ひとつは、小説は「どんな風にも書ける」という意味だ。

小説には、大きく分けて二種類の書き方がある、といわれている。

一人称形式と、三人称形式だ。

私が初めてテリー・レノックスに会ったのは〈ダンサーズ〉のテラスのまえでのこ

とだ。（レイモンド・チャンドラー『長い別れ』田口俊樹《たぐちとしき》訳）

こんな風に、「私」とか「僕」とか「吾輩」といった、一人称の語り手がいて、この語り手が見たり聞いたりしたことを書いていく形で進んでいくのが、一人称形式。

暑い春の日の夕暮れどき、パトリアルシエ池のほとりに二人の男が姿を現した。

（ミハイル・ブルガーコフ『巨匠とマルガリータ』水野忠夫《みずのただお》訳）

というように、出来事を客観的に書いていく語り方が、三人称形式だ。

一人称形式は、一人の人間の見聞きしたことを、そのまま読んでいくことになるので、読者は人の話を聞いているような感じになる。自然とその小説が語ることに、親近感をおぼえやすくなる——たとえその話をしている「私」が、イヤな奴《やつ》であってもだ。

そのかわりこの形式だと、一人称の「私」が見ていない・知らない話は、語れない。テリー・レノックスが〈ダンサーズ〉に来る前に何をしていたか、「私」は知らない。

だから語れない。『長い別れ』はテリー・レノックスに関わる犯罪物語で、ここでの「私」は私立探偵だ。「私」が見聞きしたことしか語れない一人称形式は、ミステリと相性がいい。

三人称形式は一人称のように語り口の制限がないから、どんな場面にでも飛んでいくことができる。『巨匠とマルガリータ』は、「悪魔に混乱させられるモスクワとその劇場」の話と、「巨匠とマルガリータ」の話と、「ポンテオ・ピラトに裁かれるキリスト」の話を、いっぺんに描いたシッチャカメッチャカな小説だから、場面も物語もあっちこっちに移動する。三人称形式だからこそ書ける小説だ。

たいていの小説は、一人称か三人称で書かれている。けれども小説の書かれ方は、この二種類だけじゃない。

登場人物たちがやりとりする手紙、という形で書かれる小説もあれば（たとえばドストエフスキー『貧しき人々』とか）、日記の形で書いてある小説（太宰治《だざいおさむ》『正義と微笑』とか）、会話だけがずーっと続いてく小説（室生犀星《むろうさいせい》『蜜のあわれ』とか）もある。

また、これらの形を混ぜて書かれている小説もある。あとでもう一度出てくるブラム・ストーカーの『ドラキュラ』には、日記の章と手紙の章があるし、夏目漱石の『こころ』は、一人称のあとに手紙が出てくる。

手紙とか日記というのは、一応、小説とは違う文学の形式、ということになっている。だけどそういう小説じゃない形を、小説は平気でちょくちょく自分の中に取り込んでいく。

カレル・チャペックの『山椒魚《さんしょううお》戦争』は、最初は三人称形式で始まる。だが進むにつれて、ある登場人物が新聞の切り抜きを始め、やがて小説の文章は、その切り抜きの文章になっていく。山椒魚が注目され、だんだん蔓延《まんえん》していく過程が、新聞記事や目撃者の証言、会議録、インタビュー、学者の報告など、いかにもそれっぽい文章で綴《つづ》られていく。

英国、山椒魚を閉め出すか

(ロイター) 下院議員J・リーズ氏の質問に対して、今日、サー・サミュエル・マンドヴィルは「政府は山椒魚の一切の輸送にスエズ運河を閉鎖した。さらに英国諸島の

海岸あるいは領海に、一匹の山椒魚をも入れるつもりはない」と答えた。（栗栖《くりす》継《けい》訳　岩波文庫）

まず見出しが、目立つ活字で書いてあり、続いて「（ロイター）」なんて書いてある。これは「ロイター通信が出した記事」という意味で、新聞記事にはこういう表記がよくある。でもこれはチャペックが、新聞記事っぽく書いた小説の文章である。

『山椒魚戦争』は、知性を持った山椒魚が、世界中で労働力として使われるという話だ。地球全体、人類全体を舞台にした小説だから、一人称どころか、三人称でも抱えきれるものではない。そういう大きなスケールを表現するために、チャペックは「小説じゃない形」を、フル活用しているわけ。

小説には、こう書いてはいけないとか、小説じゃない形式を使ってはいけない、などという制約はない。それが効果的だと判断すれば、ほかのどんなジャンルの文章を真似て書いても構わないのだ。

と、いうことはだ。

さっき「受験参考書や六法全書や料理の作り方も小説のうちに入ってしまう」のは、なんか良くないこと、まずいことのように書いたけれど、果たしてそれは、悪いことだろうか。少なくともそれがまずいかまずくないか、考える余地はありそうである。

どこからどう見ても受験参考書にしか見えないものを書いて、「これは小説です」と主張することだって、できるんじゃないか？

なに言ってんの？　と、思ったかもしれない。小説は小説、参考書は参考書でしょ、と思ったかもしれない。その意見はもっともだ。

ところが。


ここに一冊の、岩波文庫がある。タイトルは『青白い炎』。

この本の目次は、こうなっている。

目次

前書き……九
青白い炎――四つの詩篇《しへん》より成る詩……三七
注釈……一八五
索引……五五八
解説……五五九

この目次を見て、この本の内容、ジャンルを推理してみよう。

「前書き」と「注釈」と「索引」にはさまって、「青白い炎」とあって、それが「四つの詩篇より成る詩」だと書いてある。ということは、当然、この「四つの詩篇より成る詩」が、この本の本文だろうとは、容易に推理できる。ということは、つまりこの本は詩集、もしくは長編詩の本に、分類できるに違いない。簡単だ。

注意深い読者なら、ちょっと気にかかったところがあったかもしれない。ページ数だ。本編であるはずの「詩」は、単純に計算すると百四十八ページしかないが、それに付けられた「注釈」は、三百七十三ページもある。注釈が多すぎないか？

しかし本文より注釈が多くて詳しいのは、古典文学の本なんかには、よくあることだ。ははーん、と思った人もいるだろう。これはただ「長編詩」と答えても正解じゃないな。「古典的な長編詩」と答えないといけないやつだな。

では正解発表……の前に、本編と推理した「詩」の部分を見てみよう。

詩章第一篇

一　わたしは窓ガラスに映った偽りの青空に
命を絶たれた連雀《れんじゃく》の影だった。
灰白色《かいはくしょく》の羽毛のしみ跡だった——しかもわたしは
生きつづけ、飛びつづけたのだ、ガラスに映った空で。
（後略）（富士《ふじ》川義之《かわよしゆき》訳）

思った通りだ！　これは詩の本だ。それも難しいタイプのやつ！　そう思ったかもしれない。

ところがこれは、小説なのである。

確かにこの本は、前書きから始まって、九百九十九行の詩が（英語の原文と共に）あって、この詩に付けられた注釈がそれに続く。

だけどその注釈を（ムズカシーと思いながら）読んでいくと、なんだかヘンテコなところに、連れて行かれてしまうのである。

それはどうやら、こういうことらしい。

キンボートという男の家の隣に、シェイドという詩人が住んでいた。シェイドは「青白い炎」という詩を残して死んだ。キンボートはその原稿を正しく理解し、注釈をほどこし、出版する資格があるのは自分だけだと思いこんで、「青白い炎」の原稿をシェイド夫人からひったくるようにして持ち出し、こまかい注釈を書き連ねた。

しかしその注釈たるや、誰がどう見てもキンボートの自分勝手な、牽強付会《けんきょうふかい》な、ムチャクチャなシロモノなのである。シェイドの詩は正直な話、僕なんかには理解できない高度な比喩に満ちた作品なのだが、キンボートはそこにある片言隻句《へんげんせきく》を異常に重視して、これは自分がシェイドに話したあれこれの話と関係があるに違いないとか、ここには自分とシェイドのこれこれの思い出が投影されているとか、そんなことばかり書き連ねる。

あのー、よく有名人とか芸能人が死ぬと、知り合いだった人が思い出話をすることがあるね。中には、あの人があの映画に出たのは自分が出るように勧めたからだとか、あの人の趣味は自分から影響を受けたんだとか、その有名人との親しさをやたらと強調する人もいるじゃない。

キンボートはあの人種なのである。それも相当にクレイジーな「有名人の知り合い」だ。有名人の書いたものに自分の存在が圧倒的に重大だと思いこんで、逸脱に逸脱をかさね、ついにキンボートの注釈は、ヨーロッパを舞台にした冒険物語みたいになっていく。

ウラジーミル・ナボコフの『青白い炎』は、とっつきにくいこと山のごとしだが、仕掛けを理解したとたん、とんでもなく面白い小説になっていく。しかもその面白さは二重三重、めまいがするほど多彩な興味に満ちている。僕にとっては有名な『ロリータ』を上回る、ナボコフのベスト・ワンだ。

『青白い炎』が好きすぎて、つい話が脱線してしまったが、それくらい小説というのは、どんな風にも書けるのである。「注釈付き長編詩」が小説になるのなら、受験参考書だって小説にできるだろう。それっぽいものは、もうあるかもしれない。

どんな風にでも書ける。それが小説だ。

第二章　小説にはなんでもできる（内容篇）

小説にはなんでもできる、という言葉のもう一つの意味。それは「どんなことでも書ける」ということだ。

小説は、語り口・形式が自由なだけじゃなく、内容も自由なのである。

それはほかのジャンルでは、許されないくらいの自由だ。

たとえば新聞記事や何かの報告書などでは、いい加減なことは書けない。報告することをしっかり調べて、実際にあったこと、確かなことだけを書くことになっている。新聞記事に嘘《うそ》があったら、問題になる。

小説にはいくらでも嘘が書ける。というか、小説の大半は、嘘である。

夏目《なつめ》漱石《そうせき》は『吾輩《わがはい》は猫である』の一行目に、「吾輩は猫である」と書いた。これをいうと驚く人がいるかもしれないが、実は夏目漱石は猫ではない。人間だ。人間なのに吾輩は猫であると嘘を書いたのだ。ショック。

けれども『吾輩は猫である』のどこを見ても、どんな漱石研究の本を読んでも、漱石は猫でなく人間だった、という衝撃の事実は書いてない。そんなのは当たり前だからだ。読む人間があらかじめ、小説は嘘を書いてもいい、いやむしろ、嘘が書いてあるものだ、と判《わか》っているからだ。

夏目家に実際に飼われていた黒猫の視点を通して(「猫の一人称」だね)、夏目家の家族やそこに出入りする人たちを描いている、といわれる『吾輩は猫である』でさえハナから嘘なのだから、ほかの小説はなおのことだ。

そこで私は、懸命に下目を使ってそちらを見ると、なんとそれが、身の丈こそ六インチにもみたないが、れっきとした人間だったのだ。(スウィフト『ガリヴァー旅行記』平井正穂《ひらいまさお》訳 岩波文庫)

わたしは確信した――この〝物体〟は火星から来たものだ。(ウエルズ『宇宙戦争』斎藤伯好《さいとうはくこう》訳 ハヤカワ文庫)

怪物《かいぶつ》のろう人形のような顔は、ちゃんとあります。帽子《ぼうし》もまだ、かぶったままです。ところが、顔の下には、首《くび》も、胸《むね》も、腹《はら》も、肩《かた》も、両手も、何もないのです。（江戸川乱歩『透明怪人』ポプラ文庫）

こういうあからさまな嘘もあれば、

半世紀にわたって、ポン＝レヴェックの町の奥さまがたは、オーバン夫人を羨《うらや》んだ。召使いのフェリシテがいたからである。（フローベール『三つの物語』谷口亜沙子訳　光文社古典新訳文庫）

アレクセイ・フョードロウィチ・カラマーゾフは、今からちょうど十三年前、悲劇的な謎《なぞ》の死をとげて当時たいそう有名になった（いや、今でもまだ人々の口にのぼる）この郡の地主、フョードル・パーヴロウィチ・カラマーゾフの三男であった。（ドス

トエフスキー『カラマーゾフの兄弟』原卓也《はらたくや》訳　新潮文庫）

杳子《ようこ》は深い谷底に一人で坐《すわ》っていた。（古井由吉《ふるいよしきち》「杳子」新潮文庫）

というような嘘もある。これらはいかにも実際にありそうなことが書かれているけれど、嘘である。ポン＝レヴェックにはオーバン夫人なんかいない。フェリシテもいない。カラマーゾフも実在の人物ではない。杳子も谷底に座っていない。

身長六インチ（十五センチ強くらい）の人間と出会うのも、アレクセイがフョードルの三男なのも、嘘という点では同じだ。小説は基本的に、作り話である。

小説でも嘘はダメだ！　という考え方が、明治とか大正時代からある。今でもある。小説は現実的でなければいけない。オーバン夫人にフェリシテという召使いがいるのは現実的だからいいが、火星から物体が届くようなのはダメだ。そう考えて、作り話は低級、現実的な小説は高級、みたいな論が、昭和の戦前くらいまでは、けっこう主流だった。

そのうちだんだん「現実的」も物足りない、という考えが出てきた。「現実」じゃなきゃいけない。本当じゃないけど本当っぽい（現実的）小説より、現実に起こったことを、起こったまんま書く小説がいいのだ。主人公は書いている自分自身。登場人物も実際に自分の周りにいる人たち。内容は自分の経験。そういう「私小説」が、いっぱい書かれた。

なんで作り話が低級で、現実の話が高級なのか、僕には本当に判らない。多分だけど、そういう人たちは自分が好きなんだろう。好きなだけじゃなく、大事なんだろう。小説にして語るにあたいすると思っていたのだろう。

そりゃ誰だって自分がこの世で一番大事かもしれない。だけど自分にとっての自分は、他人にとっては他人でしかないんだから、よその人なんかどうでもいいと思っている人にとっては、「作者の現実」なんかあんまり値打ちはないように、僕なんかは思っちゃうんだけどな。

それに、どんなに起こったことをありのまま書いたって、それを読む人は、それを「作り話」と思う権利はあるんである。

たとえば……

僕は今朝、朝ごはんにステーキを食べた。四百グラムのフィレ肉を二枚だ。

……というふうに始まる小説があるとする。

これを読んで、どう思う？

朝ごはんにステーキは現実的じゃないと思う人もいるだろう。いや、現実というのはしばしば現実的ではないものだ、朝食にステーキは、ありえない話ではない、なんて思う人もいるだろう。いくらなんでもフィレ八百グラムは嘘じゃないか、そこだけ作り話なんじゃないか？　と疑う人もいるだろう。

どれが正解か？

どれも正解だ。そういうしかない。

これが新聞記事やニュース原稿だったら、調査して、僕や家族に取材して、これが事実か否か、どこまでが事実か、確信をつかみ、事実だけを書かなければいけない。

でも小説だ。話は僕の朝ごはんだ。どうだっていい。誰も調査なんかしない。ここにある文章しかない。今の文章で、読む人は判断するしかない。

となれば、これを「現実」と思っても、「作り話」と思っても、構わないのである。つまり事実なんか、どうだっていいのである。そもそもここにある「僕は今朝……」の「僕」が、これを書いた僕（作者）と同じ人間かどうかだって、あやしい。

じゃ、この小説は、どうだっていい小説なのだろうか。

自分で書いておいてナンだが、そんなことはない。なぜなら、ここには「どうだってよくない」ものが、込められているからだ。

それは、読者の印象だ。

これを読んだ人が、何かを思う。それは決して、どうだっていいものではない。

朝ごはんにステーキ八百グラムは、健康に良くないと思う人もいるだろう。野菜も食べなきゃいけないよ、と思う人もいるだろう。うらやましいと思う人もいるだろう。贅《ぜい》沢《たく》な生活をしている人だ、と思う人も、金持ちぶりたいヤな奴《やつ》だ、と思う人もいるだろう。

小説で大事なのは、それである。読んで、どう思うか。これがいちばん大事なのだ。事実かどうかではない。

小説を書く人たちはそれを知っている。私小説を書く人たちも、作り話を書く人たちも、自分の書くものが読者に届き、読者が何かを思うことの重要性を知って書いているのは、同じだ。読者が受け止める「何か」は、書かれた小説よりも大事なのだ。

第三章　小説は道徳にとらわれない

小説が書ける「どんなことでも」は、嘘《うそ》ばかりではない。

小説には、非常識なことや、道徳に反することも書ける。あまり大っぴらに人前では言えないようなことも、小説は書くことができる。

騒ぐ。暴れる。だます。盗む。隠す。侮辱する。自分だけいい思いをする。

どれも現実社会では、やってはいけないことばかりだ。法に触れる場合も少なくない。

だがいずれも小説の中にはあらわれる。それも頻繁に。

中でも多いのが殺人だ。もし世界中の小説を集めて、そこに出てくる反社会的な行為の統計を取ったら、いちばん多いのは人殺しだろう。

殺人ほど最悪でなくても、ひどいこと、ひどい人間は、小説にしょっちゅう出てくる。そういう人間が出てこない小説を探す方が難しい。

つまり、そういう出来事や人間を、小説では書けるということだ。

しかもそういう小説の中の悪事は、しばしば小説の表面にはほとんど現れなかったりする。書いている人間は、それが「良くないこと」だ、というのさえ忘れてしまったんじゃないかと思うことすらある。

国境の長いトンネルを抜けると雪国であった。夜の底が白くなった。信号所に汽車が止まった。

というよく知られた書き出しで始まる、川端康成の『雪国』。名もない雪国の温泉地で、都会から来た島村という男と、その地の芸者駒子とが出会う、恋の物語だ。愛情にも人生にもどこか冷淡な島村と、貧しく複雑な事情を抱えながら、純粋な愛情を心に持っている駒子との関係は、雪国のしんとした抒情《じょじょう》的な風景の中で美しく、悲しく描かれている。

それだけならいい。

だが島村には奥さんも子供もいるのだ。よく読むと「細君」という言葉が出てくる。

雪
或

「子供達」という言葉もある。

つまり島村は、駒子と結ばれようとか、駒子を苦境から救い出してあげようというつもりは、最初からないのである。芸者遊びなのである。駒子が真剣に自分に恋心を捧《ささ》げていると知っていても、それに応じることはできない。妻子を捨てて駒子と一緒になる、などという心構えは全然ない。

『雪国』には「哀《かな》しみ」とか「徒労」という言葉がキーワードになっているが、この小説にある悲哀も結ばれぬ恋も、島村が妻帯者であるという設定の上に成り立っている。

不倫は違法じゃないとか、昔の男は芸者遊びくらいやったもんだとか、その程度のことに目くじら立てるなよ、なんて言われるかもしれないが、僕としては、じゃ島村を「いい人」だと思っている人がいるのか、と思う。この小説は島村が「いい人」であれば、決して成り立たない。自分の家庭があって、駒子と生活するつもりがなくて、その上でこの小説は美しく、悲しい。

そしてこんなことは、『雪国』の作者はもちろん、読者にだって、充分判っているのである。判っていて書かれ、読まれているのだ。なぜなら小説とは、悪事が平然と書かれているものだということが、世間では当たり前の前提だからである(どっかで同じようなこと書いた気がする)。

悪事なんかどこに書いてあるっていうんだと思うような『雪国』ですらこうなのだから、はっきりと悪事、悪人がテーマになっている小説は、すさまじい。

SM、あるいは「ドS」「ドM」という言葉がある。この場合、Sはだいたい「人をいじめたり、痛めつけたりするのが、好きな人」を指し、Mは逆に、「人にいじめられたりするのが、好きな人」を意味する。Sが「サディスト」の略で、Mが「マゾヒスト」の略だということを知っている人もいるだろう。

「サディスト」とは、マルキ・ド・サド(サド侯爵)という人の名前から来た言葉だ。サド侯爵は、まさに「人をいじめたり、痛めつけたりするのが好きな」人間を描いた小説を、何冊も書いた作家だ。

「マゾヒスト」という言葉は、ザッヘル=マゾッホという人の名前に由来する。マゾッホは「人にいじめられるのが好きな人」の小説を書いた作家だ。

つまりSもMも、小説かいわいから来ている言葉なのだ。

Sっぽいとか Mの気があるとか、性格の分類みたいに使われる（それもごく親しい人たちの間で）ならともかく、サディズムやマゾヒズムというのは、精神医学の用語でもあり、普通ならとうてい人前で口に出せるような話題ではない。暴力や犯罪に通じる場合もある。

そんな問題を、小説は扱うことがある。扱うことができる。

いや、たとえ扱ってはいけないとしても、扱ってしまう。だけどこれは「言論の自由によって保障された権利」うんぬんの話ではない。

現にサド侯爵は、実際に性犯罪者として投獄されただけでなく、牢屋《ろうや》の中で書いた小説についてナポレオンから（裁判なしに）有罪とされ、精神病院で死んだ。自由だから書いたのではなかった。むしろ書くことは許されなかった。なのに書いた。そして読まれた。今も読まれている。

小説にはそういう、社会的に見れば危険な側面がある。

性的な反社会性ばかりではない。

昭和戦前の作家、小林多喜二《こばやしたきじ》は、獲れたばかりのタラバガニを缶詰にする船の、あまりにもひどい労働環境を描いた小説『蟹工船《かにこうせん》』が、戦前の法律「不敬罪」にあたるとして逮捕、投獄された。のちふたたび投獄されて、拷問で亡くなっている。

当時、貧しい労働者が安い賃金で補償も不充分なまま重労働を強いられていることは、みんな知っていた。でもそれをあからさまに告発するのは、国家にとって都合が悪かった。貧しい人たちを犠牲にしなければ、国が発展しないと考えられていたからだ。

しかしそれは誰が見ても不公平であり、残酷だ。だから激怒する人は多かった。怒りが暴力になることもあった。怒りが、社会の仕組みを変えてしまうかもしれなかった。だから国家は、怒りを取り締まった。

そんな社会の中で、小林多喜二は小説を書いた。書いていいと言われた小説ではない。

小説は、大っぴらに語れないようなことを語ることができる。

書いてはいけない、と言われるようなことさえ、書くことができる。

小説は、どんなことでも書くことができるのだ。

もちろんそれは、小説だったら何を書いても褒められるとか、認められるという意味ではない。どんなことでも「書いて良い」という意味でもない。

逮捕されたり殺されるほどでなくても、書いたものによって、世間から批判されたり、馬鹿にされたり、怒られたりすることはある。理解されないこともある。

でもそれは「書くことができない」という意味ではない。書くことはできるが、批判される、という意味だ。

批判されるのは覚悟のうえで、書く人もいるし、一生懸命書いても、認められない人もいる。

そういう、よそからのリアクションとは別に、小説は、どんなことでも、書くことができる。

話を戻そう。

最初のほうに、僕はこう書いた。もう一度、書いておく。

「誰にとっても、文章を書く前にあるのは、真っ白な紙と筆だけだ。

小説の文章も例外じゃない。というか、『書かなきゃ始まらない』というのは、小説を書く人間にとって、とりわけ厄介というか、わずらわしいというか、苦しい事実だ。

なぜなら小説というのは、どんなことでも書けるからである。」

じゃ、なんで「どんなことでも書ける」のが、自由でいいじゃんか、とはならず、「厄介というか、煩わしいというか、苦しい」ものになるのか。

まさに、どんなことでも書けるからだ。

小説を書き始める前というのは、いわば、何もない場所を前に立ち尽くしているようなものだ。

なんにもない。そして、なんでもいい。

「なんでもいい」は本当に厄介だ。「どこ行こうか?」と尋ねて、「どこでもいいよ」と答えられるくらい、イラつくことはない。

しかもそんな返事をする奴に限って、こっちがたとえば、「じゃ美術館に行こう」と決めると、「美術館じゃないんだよなぁ……」なんてゴネたりする。イラッと来るんだようそういうの。

ところが小説を書き始める場合、「美術館じゃないんだよなぁ」的なことを言い出すのは、友だちでも恋人でもなく、自分自身なのである。

よし小説を書くぞ、と思い立つ。そして何を書くか決めようとして、美術館が頭に浮かぶ。するとその思い浮かんだ「美術館」というアイディアを、「……なーんか違うんだよなぁ」と却下するのも、自分というわけだ。

なんでも書けるとなると、こういうことがしょっちゅうある。あれも違うこれも違うと却下を続けたあげく、結局、何も書かないことになったりする。

そもそも小説というのは、書かなくたって、いっこうに構わないものである。誰も困らない。読むのが好きな人も困らない。すでにこの世界には、読むべき小説が読み切れないほどある。このうえ新しい小説は、必要か不要かでいえば、不要である。

というか小説は「必要・不要」で書かれるものではないのである。書かずにはいられない、書きたくて書きたくてたまらないから、書かれているのである。そうじゃなきゃ嘘だ。

ついでにいうと、「書きたくないが、お金のために仕方なく書いている人」というのは、昔はいた。今はほとんどいない。小説を書いてもお金にはならないからだ。お金になる小説というのは、以前から千に一つもなかったが、インターネットの小説投稿サイトに数え切れないほど小説が発表されているこんにちでは、さらに倍率が上がったから、もう万に一つもないだろう。

小説でなくてもいい、という場合もある。つまりマンガとか、音楽とか、映画や演劇で、自分の言いたいことは言える人もいる。そういう人は小説を書く必要はない。小説でなければならない、小説以外はダメなんだ、という人は少ない。その少ない人々が今、小説を書いている。はずだ。

どんなことでも書ける、となれば、必要になるのが、発想だ。あ、これ、書きたいな。これを小説にしてみたいな。そういう発想が生まれなければならない。

すると当然、発想の前に、これ書きたいな、の「これ」がなきゃダメだ。そんな「これ」はどこにあるか。

至る所にあるのである。

人間は一人で生きてはいない。きっと誰かと、なんらかのつながりがある。発想はそのつながりから生まれる。

母親。父親。家族。

こういう言葉を見ただけで、胸の疼《うず》きを覚える人もいる。その疼きが発想になるかもしれない。それをありのままに書いていきたいと思えば、もう書き始められる。私小説だ。

僕はさっき、私小説ばかりが小説じゃない、みたいなことを書いたと思うけど、でも私小説は（もちろん）小説だし、だいいち僕がなんといおうと関係あるもんか。小説は好きに書くものだ。

自分の経験から発想するのはいいことだし、広く考えれば、すべての小説がそうだともいえる。

日常生活の中で起こること。出会う人。出くわす事件。あるいは事件のない、日常そのもの。

誰かとつながるといっても、実際の人づきあいばかりとは限らない。テレビやラジオで聞いた言葉。ＳＮＳで見た画像。そしてそういう場所で触れる、見知らぬ人の言葉、意見、体験。

そういう、一瞬すれ違っただけの言葉や映像や人の姿から、発想が生まれることもある。

至る所に発想の種はあるのだ。


しかし、ぼんやりしていたんじゃ、発想の種は見つからない。というか、発想の種が落ちていても、それを「あ、発想の種だ」と気づくことができない。

といって、発想の種はないかないかと、鵜《う》の目鷹《たか》の目になればいいというわけでもない。発想の芽を見つけるのは、「見つけるぞー！」と気張るというより、コンディションではないかと思う。ある出来事や人物を、面白いと思うコンディションだ。

何が起ころうと、それを見聞きするこちらが無関心なら、それは何にも起こらなかったのと同じだ。

田舎の人妻が浮気をして、洋服やアクセサリーにお金を使いすぎて借金を返せなくなり、とうとう自殺してしまった、というニュースが、新聞やネットに出たとする。

このニュースを見て、あ、そう、この手の話よくあるよね、としか思わないのは、普通の感覚かもしれない。

しかしこのありがちな事件に強い関心を示して、ここには何かある、と思った人がいた。ギュスターヴ・フローベールというフランスの人だ。フローベールはこの事件をもとに五年かけて小説を書き、『ボヴァリー夫人』という題で発表した。

こんにち、『ボヴァリー夫人』は現代小説の元祖と、多くの人からみなされている。

しかしそんなことは結果論だ。大事なのは、フローベールが事件に「関心を持った」ということと、その関心のために五年を費やした、ということである。

これは、なんでもかんでも面白いと思う感覚、というのとは、ちょっと次元が違う。

フローベールにだって、聞いてもなんとも思わなかった話は、いくらでもあっただろう。

つまりよく「常にアンテナを張っておこう」というけれど、それだけでは不充分なのだ。

そこからさらに突き抜けたものが、実際の借金自殺事件と『ボヴァリー夫人』のあいだにあった、ということだ。

逆にいえば、できるだけ多方面にアンテナを張っておかなければ、小説を書くための「発想」を得ることはできない。張り巡らせたアンテナで手に入れたものの中から、さらにフルイにかけた一つか二つのものが「発想」として残る。

世間を騒がせたニュースが、小説の発想の種になるのは、それが小説を書く人間に、どこか共感を呼ぶものがあるからだ。フローベールも「ボヴァリー夫人は私なのです」と言っている。

ニュースから小説をよく発想していた小説家の一人、三島由紀夫は、金閣寺放火事件から五年後に小説『金閣寺』を書いているが、彼もまた実際の放火犯に自分の一面を感じていたらしい。

もちろんフローベールはボヴァリー夫人ではないし、三島は放火犯ではない。

それでもそう感じるものが彼らにあった。それは彼らの人間性、個性にももちろん原因があっただろうが、彼らが事件に、自分と同じ「時代」を感じていたからでもあっただろう。借金自殺事件にはフローベールの時代が、金閣寺放火事件には三島由紀夫の時代があったのだ。それを彼らはキャッチしたのだ。

自分がどんな時代に生きているのか、と考えるのは、発想の大きな種になる。フローベールにとっては、十九世紀後半のフランス、三島由紀夫にとっては、戦後の日本が、自分の時代だった。自分自身であり、自分の時代であったわけだ。

つまり、自分の時代は、自分にとってどういう時代か、ということ。それはどんな小説にとっても、切っても切り離せない発想の種なのだ。

ここに、小説がどの時代にも書かれなければいけない理由があると、僕は思っている。僕は今でも、一生懸命小説を書いているが、どんなにヒイキ目で見ても、自分の小説がバルザックやゲーテや、紫式部の小説より偉大だ、とは思えない（トホホホホ）。

それでも書いている。それは、考えようによっては、自分の小説に「書かれる値打ち」がある、と思っているようなものだ。

僕の小説が、ゲーテや紫式部の小説にくらべて、どこに書かれる値打ちがあるというのか。それは、僕がまだ生きていて、読者と同じ時代にいるから、という一点に尽きている。僕の小説にそれ以上の値打ちはない、と思っている。

これは卑下でも謙遜でもない。どんな小説もそうなのだ。同時代のために、同時代だからこそ書けたことを、すべての小説が書いている。

よく、古典的な小説や、長年のあいだ読まれている小説について、「時代を超えて読まれている」とか「普遍的な作品である」と言われることがあるが、あれは言葉の綾《あや》である。

それが証拠に、何百年も前に書かれた小説は、もううまく読めない。

いづれの御時にか、女御《にょうご》、更衣《こうい》あまたさぶらひ給ひける中に、いとやんごとなき際《きわ》にはあらぬが、すぐれてときめき給ふ有りけり。

千年の時をへだてて今でも読み継がれている、といわれている『源氏物語』を、今読もうと思ったら、手段を選ばなければならない。千年前の言葉を勉強したり、学者がつけてくれた注釈に頼るか、現代語訳を読むか。現代の人間がなんの手立てもなくこれを読むことは、できない。

なんで『源氏物語』は、そんな読めない文章で書かれているのか。この文章を読めた時代に書かれたからだ。同時代の人には、これで読めたし、これが普通の日本語だった。紫式部が、私の書いたものは千年経っても読まれるだろう、と思っていたかどうかは判らない。だが思っていようがいまいが、紫式部にほかの書きようはなかった。自分の時代の書き方でしか書けなかった。だから自分の時代の文章で書いた。

『源氏物語』に限らない。また日本の小説に限らない。さらには、千年もさかのぼらなくても、たかだか数十年前に書かれたものでさえ、これ何の話？　と戸惑ってしまうことは、いくらも書かれている。

ダシール・ハメットの小説『ガラスの鍵』では、路上で殺された被害者が帽子をかぶっていない、ということに、主人公はこだわり続ける。あいつは帽子をかぶっていなかった。あいつの帽子はどこだ。

帽子なんかどうだっていいじゃないかと、今の日本で『ガラスの鍵』を読んでいる僕は思う。だがこの小説が書かれた一九三〇年代のアメリカで、ひとかどの男性が帽子をかぶらず外出するのは、考えられないくらい不自然なことだった。そんなことはこの小説のどこにも書いていない。書くまでもなかった。一九三〇年代のアメリカで、同時代の同じ国の読者に読まれるために書かれた小説だからだ。

すべての小説が、それが書かれた時代の限界の中で書かれている。その限界を突き破る小説でさえ、限界の中にある。『源氏物語』はいうにおよばず、『ガラスの鍵』も二十世紀文学の代表的な傑作だ。

限界の中で書かれた小説が、なぜ限界を突き破れるのか。

それは、判らない。誰にも判らない。書いた人間にも。

真っ白な紙しかない時に、判ることはふたつだけだ。

自分は今の時代に生きているということ。

そして、小説はなんでも書ける、ということである。

自分の時代は、自分にとってどういう時代か、というところが、重要だ。

誰が見ても納得するような、今の時代の姿を探り当てようとする必要はない。そんなものは存在しない。

自分に見える今の時代が、人から見たらトンチンカンなんじゃないかと心配する必要もない。自分にとって今がそう見えるのなら、そのように書く。

（自分にはこう見えるんだけど、自信ないな……）とか、（自分の見方が間違ってるんじゃないかな……）と思うのは、しかたがない。時代を見ると言ったって、この世のすべてを見られるわけじゃない。

それに、自分は間違っている。

これは小説にとって、文学にとって、とても大事なことなのだ。「自分は間違っている」と認識することは、「間違えなくしよう」と思うのと同じくらい大事だ。

考えて考えて、調べて勉強して、他人の気持ちや立場にも思いやって、それでも間違える。

これは、小説のいいところなのである。

「誰にとっても正しい」とは、つまり客観的ということだ。僕の持っている辞書（『広《こう》辞苑《じえん》』第三版）には、客観的とは「特定の個人的主観の考えや評価から独立で、普遍性をもつことについていう語」と書いてある。

客観的というのはよく聞く言葉だけれど、そんなもの本当にあるのだろうか。人は誰しも、自分の目でしか見ることはできない。自分の耳でしか聞くことはできない。そんな人間が、「個人的主観の考えや評価から独立」することなんか、できるのだろうか。

これが小説の立場だと思う。客観的な正しさなどない。物事は、自分の立ち位置からしか見聞きできない事ばかりだ。誰にとってもそうなのだ。

だから、僕たちはともに正しく、ともに間違っている。

自分の時代から小説を発想するのなら、そこから始めなければいけないと思う。

第四章　小説は人間の多様性を描きわける

一人の人間には、その人間を形成する、環境や考え方、感じ方がある。その人だけが持つ顔があり、記憶があり、愛や憎しみがある。

すべての人間にある。

人間が二人、三人といれば、一人ひとり考え方が違ったり、ひとつのことに違う印象を持ったりする。

小説は、その異なる考え方や感じ方を、表現することができる。

そして小説というのは、ほとんどの場合、一人の人間が書いている。一人の人間が、二人三人、ことによると十人以上の人間を、さまざまに描き分けている。トルストイの『戦争と平和』なんか、脇役も全部合わせると五百人以上の人間が出てくる。それをトルストイが一人で全部書いた。すげえ。

五百人越えは極端だけど、一人の人間によって、複数の人間の様相を描くという、

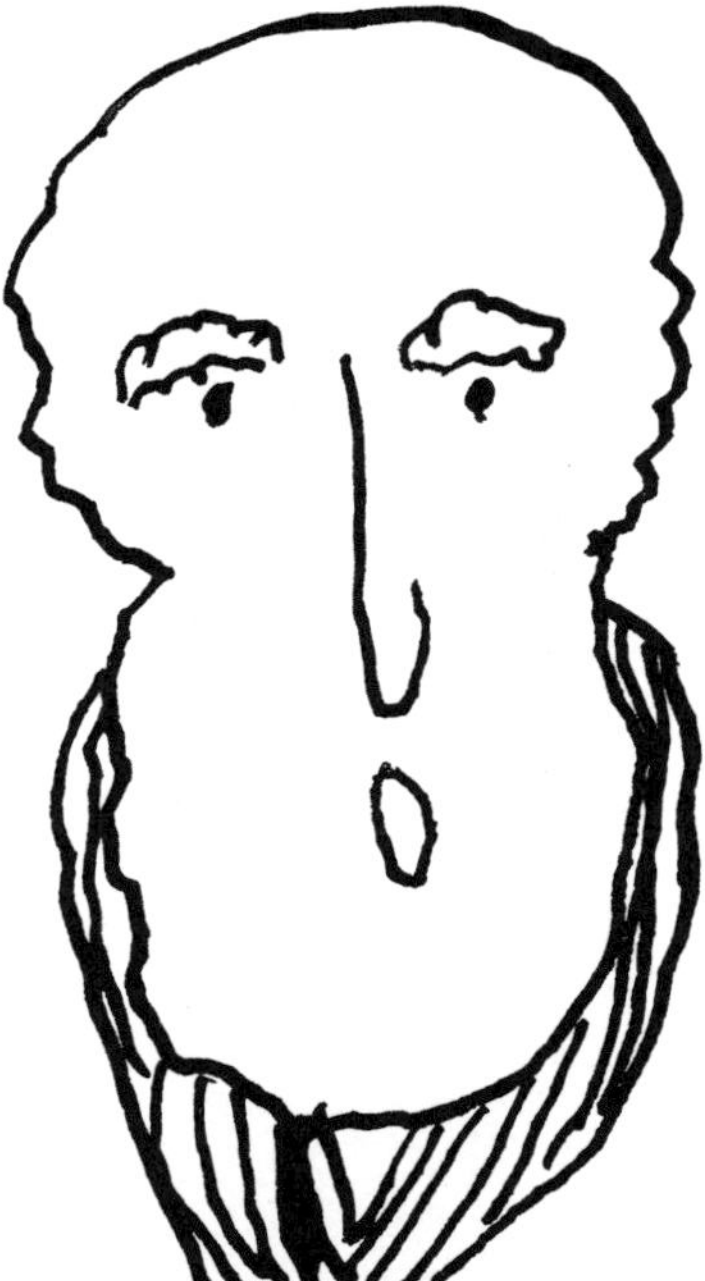

ТОЛСТОИ

「小説にできること」には、意味がある。

そのことはのちに書く。まずはさまざまな人間が現われる、見事な小説の具体例をあげよう。


ぼくがまだ年若く、いまよりももっと傷つきやすい心を持っていた時分に、父がある忠告を与えてくれたけれど、爾来《じらい》ぼくは、その忠告を、心の中でくりかえし反芻《はんすう》してきた。

「ひとを批判したいような気持が起きた場合にはだな」と、父は言うのである。「この世の中の人がみんなおまえと同じように恵まれているわけではないということを、ちょっと思いだしてみるのだ」（野崎孝訳　集英社文庫）

F・スコット・フィッツジェラルドの『偉大なギャツビー』（『グレート・ギャツビー』などの邦題もある）は、ニック・キャラウェイという男性の「ぼく＝一人称」で書かれた小説だ。

ニックは名家の息子で、ニューヨークの証券会社に勤めていて、ロングアイランドのウェスト・エッグにある、借家に住んでいる。

彼の遠縁にあたるデイズィが小さな湾をはさんだ対岸の、イースト・エッグに住んでいる。デイズィの夫トム・ブキャナンは家柄がいいだけでなく大富豪で、男前のスポーツマン。働く必要のない暮らしをしている。

ブキャナン家からマンハッタンに向かう途中に、労働者だらけの地域があって、そこでウィルソンという男が自動車修理店をやっている。ウィルソンの妻、マートルと、トム・ブキャナンは浮気をしている。ウィルソンは気がついていない。

これがおもな登場人物だ。あと紹介しなければいけない主役が一人いるが、そいつのことは、もうちょっと後にとっておこう。

ニックの家は、こんな風に書かれている。

雨風にさらされた安手の平屋で、月八十ドル。（中略）持ち物といっては、犬が一匹——逃げだすまでの数日間はすくなくともぼくの持ち物だった——それから古いダッジが一台、フィンランドの女が一人。彼女は、ぼくのベッドを整え、朝食を調理し、電気焜炉《こんろ》を操りながらフィンランドの叡知《えいち》をひとりつぶやいていた。

デイズィとトムの家は、こんな感じ。

二人の家は、入江に臨む予想以上に凝った建物で、明るい赤白二色で塗られ、ジョージ王朝ふうを模した植民地時代《コロニアル》式の館《やかた》だった。浜辺からはじまる芝生は、館の正面のドアまで四分の一マイルを埋めて、途中、日時計をとび越え、煉瓦《れんが》の径《みち》をまたぎ、燃える庭をおどり越えて勢いよくひろがり、最後に家にぶつかっては、勢いあまったとでもいうか、あざやかな蔦《つた》かずらに形を変えて、家の側面をはいあがっている。建物の正面にはフランス窓が並び、それがいまは、金色の夕映えに輝きながら風そよぐ暖かな黄昏《たそがれ》の庭にひろびろと開かれていた。

ウィルソンとマートルは、どんなところに住んでいるかというと、ウェスト・エッグとニューヨークのほぼ中間あたりに、自動車道路が急に鉄道線路と合流し、四分の一マイルほどにわたってその傍《そば》を走っている所がある。（中略）ここはいわば灰の谷——灰が小麦のように生長して、山や丘や怪奇な菜園になる、奇怪しごくな農場とでもいおうか。灰が家になり、煙突になり、立ちのぼる煙となり、果てはたいへんな努力のすえに、灰色の人間が出現する。彼らは埃《ほこり》のただよう空気の中を、すでにくずれかかりながら影のようにうごめいている。

露骨なまでに、人物たちの住まいの差が描き分けられている。僕はこれを書き写していて、「四分の一マイル」（a quarter of a mile. 約四百メートル）という言葉が、二か所に出てくることに初めて気がついた。ウィルソンの住んでいる場所の描写でそれは、彼らと「灰色の人間」たちがぎゅうぎゅうになって生活している地域のすべてだが、トムの家での四分の一マイルは、館の入り口から正面のドアまでの距離にすぎない。屋敷はその先にある。そんなところにトムとデイズィと赤ちゃんの、三人だけで暮らしている

（もちろん何十人もの召使いを使って）。

ニックは富豪のトムと貧乏人のウィルソンの、中間くらいの経済状態だろうと察しがつく。借家に中古車だから、裕福とは言えないが、けっして劣悪な環境にいるわけではない。

『偉大なギャツビー』という小説が、金銭と階級をテーマにしていることが、よく判《わか》る。この小説には「お金」という言葉があまり出てこないけれど（引用した箇所でも、金の話は「月八十ドル」というただ一か所）、登場人物たちの生活や立場、対人関係や性格、考え方にいたるまで、すっかり金銭に裏打ちされている。それに本当の富裕層は、金の話などしないものだ。


「……きみ、ゴダードという男の『有色帝国の勃興《ぼっこう》』という本を読んだことがあるか？」

「いや、ないな」ぼくは彼（注：トムのこと）の語気にいささか驚いて答えた。

「なかなかの名著だよ。万人必読の書だね。つまり、こういうんだ。おれたちが警戒しなければだな、白色人種は、この――完全に沈没してしまうというんだな。科学的に書いたものなんだ。ちゃんと証明されてるんだよ」（中略）「……おれたち、支配的人種に警戒の義務があるんだよ。さもなければ、他の人種が支配権を握ることになる」

この小説が書かれた一九二〇年代には、まだまだ「人種」という概念は有効だと思われていた。けれどもトムのこの言葉が、彼の差別意識から出ていることは明らかだ。トムというのはこういうことを言い、こういうことを考えている人間だということだ。

ここで改めてはっきりさせなければいけないことがある。こういうことが書かれているからといって、『偉大なギャツビー』が差別的な小説だというわけではない。この小説の主要登場人物は、油まみれになって働いているウィルソンも含めて、ほぼ全員が白人だが、それでもこの小説を書いたフィッツジェラルドが自分のことを「支配的人種」と思っていた証拠にはならない。

いや、この小説は差別的だ、という意見もある。聞くべき意見である。この小説に出てくる人たちがカクテルを飲んだりプールで泳いだりできるのは、当時のアメリカ白人社会が、差別を土台にして当然と思っていたからでもある。そのことは忘れてはいけない。

ただそれをいったら、アメリカに限らずヨーロッパの小説や、日本の平安から江戸時代の小説なんかは、全部人種や階級の差別を前提としている、というほかない。この小説に限らない問題だ。

こんなことを「科学的」「証明されている」なんて平気で口走るトムという人物が、当時でさえ決して「いい人」には見えなかった、ということもある。

そして僕としては、ここに引用したトムの言葉の性質に注目したい。この大金持ちは、自分を「支配的人種」と思っているわけだが、だから俺らは永久不滅だ、と言っているのではないのである。逆に自分たちの「没落」を恐れている。「他の人種が支配権を握る」と思っている。

フィッツジェラルドは、こういうトムの言葉を書くことで、トムの人間性を表現している。と同時に、広く「差別意識」というものの本質を見つめていないだろうか。つまり差別というのは、恐れや、怯《おび》えに由来しているのだと、見抜いている感じがしないだろうか。

差別するのは、びくびくしている人間なのだ。トムは一見すると、自信満々、明朗闊《かっ》達《たつ》、育ちも良ければ人づきあいも巧みな「御曹司」に見える。だがその背後には、いつも恐れを抱いた臆病な人間がいるのだ。自分の恵まれた地位、立場、幸福を、いつか誰かに奪われてしまうのではないかという恐れがある。「支配的人種に警戒の義務がある」と熱弁するトムのことを、ニックはこんな風に書いている。

ひたむきなその話しぶりには、何か悲壮なものがこもっている。現状に満足している自分がいままでになく痛切に意識させられて、これではいけないと思うようになったとでもいうのだろうか。

トムのことを、ニックが見ている。それはニックの観察だ。ニックにもまた彼の性格や考え方がある。この小説はニックの一人称で、いわばニックがずっと話をしているようなものだから、彼の考えは随所に書かれているし、性格もにじみ出ている。父親の忠告について書かれた冒頭部分から、それはもう表現されている。

ニックとトムは対照的な人間だが、小説は、その両方を描くことができるのだ。ニックとトムだけじゃない。さまざまな人物を描き分けることで、その小説はふくらみと広がりを持つ。

描き分けるというのは、どの登場人物も、独立して生きているように書くことだ。

ニックはトムを偉そうな、鼻持ちならない奴《やつ》みたいにして描いているが、それはニックがトムのことを憎んでいるからだ。なぜ憎んでいるかは、この『偉大なギャツビー』というニックの語る話を、すっかり聞かなければ判らない。ニックはここに書かれている一連の出来事を体験したあとで、この話を書いている。そしてニックの話を聞き終わったら誰でも、トムを好きになることはできないだろう。

にもかかわらずトムは悪役ではない。悪人でさえない。偉そうで鼻持ちならない、浮気者の差別主義者だけれど、それでもトムは悪人ではないのだ。

小説における悪役とか悪人というのは、「小説の中に悪いことをしに出てくる人」のことである。悪役は主人公を殴ったりだましたりするために「だけ」登場して、ほかの用事は特にない。そういう人が出てくる小説は、けっこうある。主人公は悪役に殴られて、悔しい思いをして、がんばって強くなって、次には悪役に勝つ。悪役は主人公を殴って、のち主人公に殴られるためにだけ存在する。

でもそんな人間、いない。人に危害を加える人間はいる。いるけれどそんな人間には、危害を加える理由がある。人を殴って平気な人間になった、そいつの生活や環境や人間性がある。人を押しのけたいとか、権力を握りたいとか、そんな理由は浅い。人を押しのけるような人間なのはどうしてか。そこまで考えなきゃ、小説の人物が人間になったとは言えない。

そういう意味で、トムは悪役でも悪人でもないのだ。トムは僕や君と同様、トムの置かれた環境と、持っている能力、そして人としての限界にしたがって生きている人間なのである。ニックが、じゃない、フィッツジェラルドが、しっかりとそんなトムを描いている。

さて。

ニックの借りているつつましい借家の隣に、宮殿みたいな家が建っている。そこでは毎晩のように、どえらいパーティが開かれている。

夏の夜な夜な、隣の邸宅からは、楽の音が流れてきた。そしてその青みわたった庭の中を、ささやきとシャンペンと星屑《ほしくず》につつまれながら、男女の群れが蛾《が》のように行き交っていた。午後のあげ潮時には、客人たちが、彼のところの浮き台の櫓《やぐら》から海に飛びこんだり、邸《やしき》の浜辺の熱い砂の上で陽《ひ》を浴びたりしているのが眺められた。彼の二艘《そう》のモーターボートが、渦巻きかえす白泡の奔流の上に水上スキーをひきながら、「海峡」の水を切って進んで行く。週末には、彼のロールスロイスがバスに早変りして、朝の九時から夜中すぎまで、客を乗せてニューヨークとのあいだを往復するかと思うと、ステーション・ワゴンは、つく列車ごとに、黄色い甲虫《かぶとむし》のように、勢いよく駆けまわる。

この小説の第三章に書かれたパーティの描写は、もう一度言うが、どえらい。こんなパーティ、一生に一度でも開けないだろうと思うような派手なやつを、毎日やっている。ところがこの大豪邸に住んでいるのは、男がたった一人なのだ。その男が小説のタイトルにもなっている、ジェイ・ギャツビーである。

ギャツビーは謎めいた男だ。オックスフォード大学を卒業したという噂《うわさ》もあれば、人を殺したこともあるらしいとも ささやかれる。そもそも、どうしてこんなパーティを開いているのか、こんなパーティを開くほどの金がなんであるのか、誰も知らない。

『偉大なギャツビー』という小説は、この謎が解き明かされることで本格的に動き出し、動き出したらもう止まらない。ニックはギャツビーと知り合い、ギャツビーの謎に巻き込まれていく。と言ったってそれは、ありきたりなサスペンスものなんかじゃない。

(ただ余談だが、僕はつねづね、この小説を逆から、つまり結末から語っていったら、かなり濃厚な推理小説になるだろうと思っている)

彼は深い理解のにじんだ微笑を浮かべた——（中略）それは一生のうちに、四、五回しかぶつからないような、永遠に消えることのない安心を相手に感じさせるものをたたえた、まれにみる微笑だった。

ぼくは彼と、それまでの一カ月間に、六回話し合ったと思うが、その結果、彼にはあまり話題がないことを知って、実はがっかりしていた。

彼は自分の言っていることをほとんど意識してなかったのだろう。ぼくがどんな仕事をしているかのかとたずねたのに対して、「あなたの知ったことじゃない」と答え、言ったあとでその不穏当な言い方に初めて気づく始末だった。「いや、いろんなことをやってきました」彼はそう言いなおした。「薬の仕事もやったし、次には石油の仕事もやった。しかし、いまはどちらにも関係していません」

彼は「神の子」なのだ——「神の子」、もしこの言葉が何かを意味するとすれば、彼

のような場合をこそいうのであろう

「あいつらはくだらんやつらですよ」芝生ごしにぼくは叫んだ。「あなたには、あいつらをみんないっしょにしただけの値打ちがある」

ここに引いた「彼」または「あなた」とは、すべてギャツビーに向けられた言葉だ。これを全部合わせたところで、ギャツビーという人間のイメージは、うまくピントが合わないだろう。それもそのはず、僕はわざと互いに矛盾するかのような文章をピックアップしたんだから。だけどこれらの文章は全部ギャツビーのことだ。間違いなく。

この小説は掘っても掘りつくせない魅力に溢《あふ》れているが、その魅力の大部分は、ジェイ・ギャツビーという複雑極まりない、悲しく、滑稽で、美しい人間を描いたところにある。こんな人物は小説の中にしかあらわれようがない。しかしギャツビーに迫る人間像を作り出した小説は、めったにない。

すぐれた小説は、ただ事件に必要な人物を登場させるだけでなく、その人物に命を与え、長所も短所も見つめ、一人の人間の中にある矛盾を描くことで、人間の持つ可能性を描くことができる。その可能性は、現実に生きている僕や君の中にもあるものなのだ。

（次の章では『偉大なギャツビー』の内容にもっと踏み込んでいく。いわゆる「ネタバレ」を含む。ネタバレがイヤな人は、ここでこの本を閉じて、この小説を読んでほしい。さっきから僕が引用しているのは、野崎孝の名訳だ）

追記

これだけ書いておいてナンだけれど、僕は自分の小説を書く時には、登場人物の性格（キャラクター）を決めない。

「この人は怒りっぽくていつも不機嫌」とか「この人は気のいい人気者」とか、人物をキャラクターで固めちゃうと、その人が自由に動けなくなる。

たとえば「物静かでミステリアス」な人物ということになったら、その人に爆笑はさせにくくなってしまう。しょうがないから笑う時にも、その人には「クスクス笑う」ようにしてもらったりしてね。そういうことが続くと、人物はどんどん型にはまって、ありきたりになる。

人間のキャラクターというのは状況によって移り変わるものだし、成長や事件によっても変わる。つまり大事なのは「成長や事件」だ。人物に状況を与えることが、小説家の役目だろう。

そもそも人間にキャラクターなんてあるのか？　とも思っている。

第五章　小説はダメな人間を輝かせることができる

『偉大なギャツビー』の主人公、ジェイ・ギャツビーとは、何者なのか？

前の章で紹介した人物について、もう一度おさらいしておこう。

ニック・キャラウェイは、名家の出だが、お金はあんまりなくて、証券会社で働いている。

その親戚に、デイズィという女性がいる。

デイズィはトム・ブキャナンという名門の大金持ちの御曹司と結婚して、子供がいる。

トム・ブキャナンは「灰の谷」の自動車修理工ウィルソンの妻、マートルと浮気をしている。

ギャツビーについては、ニックの隣に住んでいる大富豪、とだけ説明しておいた。正体不明の男だとも。

ギャツビーはデイズィを愛しているのである。

ニック、トム、それにデイズィが、いずれも上流階級の出身であるのに対して、ギャツビーは貧しい農民の子だった。ギャツビーは密造酒（当時のアメリカではお酒の販売が禁止されていたから、酒は裏組織が陰で売っていた）やそのほかのやばい商売を手広くやって、短い間に大金を稼いだ。そしてデイズィの住む屋敷の対岸で派手なパーティをやり、彼女が来るのを待っていたのだ。

ニックがデイズィの親戚で、しかも隣同士だというので、ギャツビーはニックに急接近する。ニックがあいだに入ることでギャツビーとデイズィは、密会を重ねるようになる。

となるとこれは、どういうことになるだろう。

トムはマートルと浮気している。デイズィはギャツビーと浮気する。ニックは恋愛はするけれど、浮気とは関係ない。独身だし。

浮気はいけない、という観点からすれば、トムもマートルもデイズィもギャツビーも、悪い人間だ。

中でもギャツビーは最低、ということになりはしないか。デイズィの歓心を得るために、非合法のビジネスに手を出し、あぶない人間と手を組んで、それを隠しているのだから。

何不自由のない暮らしをしているデイズィに執着するギャツビーに、ひとつだけ弁解の余地があるとすれば、それは彼がデイズィと、彼女が結婚する前に付き合っていた、という点だろう。ギャツビーが軍隊にいたときのことだ。デイズィは、彼が戦争に行っているあいだに結婚し、娘を産んだ。四年経った。四年経ったのだ。

ギャツビーはそれなのに、デイズィとまた結ばれたいと思っている。それもただ二人の関係を再開させるだけじゃなく、もとの通りに結ばれなきゃいけないと思っている。つまり、デイズィが結婚する前、四年も五年も前の、愛し合っていた頃の通りに。ギャツビーはデイズィに、トムなんか愛していなかったと言ってほしいのだ。

「ぼくなら無理な要求はしないけどな」思いきってぼくは言った。「過去はくりかえせないよ」

「過去はくりかえせない？」そんなことがあるかという調子で彼の声は大きくなった。

「もちろん、くりかえせますよ！」

これが娘のいる人の妻に求められることだろうか。無理である。ギャツビーはデイズィに、無理難題をおしつけているようなものだ。しかもそれを無理だとギャツビーは思っていない。できると思っている。実際ニックは、この小説の書き出しのところでこう書いている。「ギャツビー、ぼくが心からの軽蔑を抱いているすべてのものを一身に体現しているような男」と。

こんな風に紹介されれば（と言って僕は、別に嘘《うそ》を書いたわけではない）、この小説を読んでいない人は、悪人が主人公の物語なんだろう、と思うだろう。ギャツビーは悪行の報いを受けてこらしめられるのだろう、と。

ところがこれはそんな小説ではない。またギャツビーはそんな人物ではない。『偉大なギャツビー』を読んだ人なら、きっと思うはずだ。こんなに光り輝いている人間は見たことがないと。複雑で純粋、不屈で臆病、上品でインチキ、その矛盾した人物像の素晴らしさに、僕は読み返すたび感嘆してしまう。

デイズィに対する純朴な愛情のためにすべてを捧《ささ》げる男。それがギャツビーなのである。その純愛のためであれば、商売のうさん臭さなどどうでもいい。人から受ける軽蔑などどうでもいい。デイズィの心を取り戻す、ただそれだけのために生きているギャツビーの姿に、読者は悲しい感動を覚えてしまう。違法か合法か。正しいか正しくないか。そんなことは問題ではなくなってしまうのだ。

小説にはそういうことができる。世間の基準や、道徳的な善悪とは別に、いやむしろ基準からはずれ、非道徳的だったり反社会的だったりする人間、つまりダメな人間を、小説は輝かせることができるのだ。

そういうことは、してはいけないのではないか、と思う人もいるかもしれない。悪い人間、ダメな人間は、正さなければならない。良い人間にならなければならない。それができなければ、罰せられなければならない。そう思う人もいるかもしれない。

けれども、どうだろう。人は常に正しいだろうか。一から十まで潔白な人間など、いるだろうか。

違法なことをするとか、人に危害を加える、とまではいかなくても、ダメなところは、誰しもある。

そういうダメなところを、ふだん人は、隠して生きている。隠し切れない時は、照れ笑いをしたり、いじけたり、素直に謝ったり、逆ギレしたりして過ごしている。

小説はそういう人に明かりを照らすのだ。世間の基準、法の基準、倫理の基準から見れば、ダメとしか言いようのない人間を、小説は見つめる。

あるいは、一見普通に暮らしている人間が隠していたり、皆が気づかないでいるダメなところに、小説は照明を当てて、表にさらすことができる。

『ギャツビー』ばかりじゃない。教科書に載っているような小説にも、ダメ人間は次々と現れる。

芥川龍之介《あくたがわりゅうのすけ》の小説は、文章が格調高いだけでなく、短いものが多いから、教科書によく載っている。だけどその登場人物は、なかなかの悪党ばかりだ。

「蜘蛛《くも》の糸」という小説がある。お釈迦《しゃか》様が極楽の蓮池《はすいけ》から下の地獄を見ると、カンダタという男がいて、そいつが生前、クモを助けたことを思い出して、クモの糸を極楽から地獄に垂らしていくという話だ。

カンダタは「いや、いや、これも小さいながら、命のあるものに違いない。その命を無暗にとると云《い》う事は、いくら何でも可哀《かわい》そうだ。」と思ったそうだが、これって逆にいったら、生きてるうちにカンダタは、クモ一匹を助けた以外、いいことを一個もしなかったっていうことじゃないか。ほかの時は「人を殺したり家に火をつけたり」してたって書いてある。極悪人である。強盗殺人犯である。

結局カンダタはクモの糸をたどって極楽に到着することはできず、ふたたび地獄に落ちてしまう。でもそれは彼が強盗殺人犯だったからではない。クモの糸を独り占めしようとしたからである。

しかしこの話を読んで、こんな悪人に極楽なんかとんでもないとか、お釈迦様はアマすぎるとか、そういう感想は（あんまり）出てこない。カンダタは馬鹿だなあ、と思うばかりだ。自分のあとから糸をよじ登ってくるほかの悪人たちになど目もくれず、クモの糸に集中していれば、この悪人は極楽に到着できたのだから。

読んでいる人は、いつの間にか、カンダタの側に寄り添っているのである。

中島敦《なかじまあつし》の「山月記」はどうだろう。自尊心とあせる気持ち、そして自分の才能への不満足が高ぶりすぎた李徴《りちょう》は、ある日、行方をくらませてしまう。

それからしばらくして、ある男が旅の途中で人喰《く》い虎に出くわす。虎はすぐに身を隠し、草むらの中で「あぶない所だった」と呟《つぶや》く。それは虎に身を変じた李徴だった。李徴はおのれの尊大さと過剰な羞恥心を嘆く。もっと腰を据えて努力をし、ガマンを続ければ、虎になんか変身しないですんだに違いない。自分の持っている才能以上の才能を求めてジリジリするしかなかった李徴はダメな男である。

でも努力やガマンに耐えられない、李徴のあせりのほうが、よりこちらの身に迫ってくるんじゃないだろうか。

あるいはまた、夏目《なつめ》漱石《そうせき》の『こころ』はどうだろう。

若い学生の「私」は、ある夏の日に鎌倉の海岸で年上の男性を見かける。最初は好奇心から、やがてどういうわけかこの男性によって「私の予期するあるものが、何時か眼の前に満足に現われて来るだろうと思」えてきて、「私」は男性に接近していき、すぐに「先生」と呼ぶようになる。

「先生」は、「私」の敬意を一身に受けるような人物なのだから、一点非の打ちどころのない人物のように思えるかもしれない。実際「私」の尊敬の念は、最後までいささかもゆらがない。

だが『こころ』を読んだ人なら知っている。「先生」というのはダメ人間だ。若い時には親戚に親の財産を横領されても法に訴える勇気を持たず、上京してからは恋のために親友を裏切り、家庭を持ってからは「私のようなものが世の中へ出て、口を利いては済まない」（新潮文庫）と言って引きこもっている。臆病でジコチューで、社会の役に立っていない人間である。

しかし「先生」は小説の中で責められることはない。罪を問われることもない。先生が、自分で自分を責めるだけである。小説を読む僕たちの中にも、「先生」をダメだから軽蔑するという人はいないと思う。『こころ』は、静かな悲しい小説だ。不思議なほ

こころ
私はその人をつねに先生と呼んでゐた だからここでもただ先生とかくだけで本名はうちあけない

ど平明な文章が静けさを、そして「先生」のたたずまいが悲しみを背負っている。

小説は、社会の基準で測れば「ダメだ」というしかない人間を輝かせる。

しかしそれは、プリクラみたいに加工をして「良く見せる」のではない。弱いところを強く見せたり、間違ったことを正しく見せるのではない。

小説は人間のみにくいところ、弱いところ、ダメなところを、みにくいまま、弱いままに見せて、それを輝かせることができるのだ。ダメな人間にも悲しいところ、滑稽なところ、美しいところがあると、読む人間に示すことができるのである。

第六章　小説は空想を描ける

都市伝説っていうのがあるね。

文学の専門用語で「口承文芸」とか「民間伝承」とか言っている分野の一種、ってことになっているようだけど、そんな難しい話は、今はどうでもいい。要するに「人が言っていた話」のことだ。

不思議だったり気味が悪かったりする話が多くて、「友だちの友だち」が教えてくれたとか、「誰かが体験した」ってことで、広まっていく。

どこそこの池でスワンボートにカップルで乗ると別れるとか、ナントカっていうレコードを逆再生すると悪魔の声が聞こえるとか、陰気なものも多い。特定の企業や人物の評判を落としかねないものもあって、そういうのは下品だしイヤになる。

でも面白かったり、スケールの大きな都市伝説は、聞いていて楽しい。巨人の骨がみつかったとか、電気代がタダになる発明があったとか。夢があるな〜。こないだネットで拾った都市伝説には、「オバマ元大統領は青年時代に火星で宇宙戦争に参戦していた」っていうのがあった。これにはたまげました。

「都市伝説」という言葉は、一九八〇年代に翻訳書から出てきたらしいけれど、こういう話はもちろん、もっとずっと前からあった。「嘘《うそ》をつくと閻魔《えんま》様に舌を抜かれるよ」とか「食べてすぐ寝ると牛になる」とか、そういうのだって今でいう都市伝説の仲間だと思う。

そういう「悪いことをすると地獄に落ちる」みたいな話は、そうとう昔から文章にも残されていて、『日本霊異記《りょういき》』という説話集は、九世紀のはじめに書かれている。これは、まだひらがなすら一般には広まっていない頃の本で、全部漢字で書いてある。

昔から人間は、空想の話が大好きだった。今も好きだ。

「悪いことをすると地獄に落ちる」という話は、「だから神様仏様を信じなさい」という、布教活動の意味があった。『日本霊異記』にあるのも、川が渡れず困っている人を観音様の化身が船に乗せてくれたとか（上巻第六）、お坊さんの口癖をからかったら口がゆがんで死んだとか（中巻第十八）、ほとんどは布教っぽい話だ。

けれども読んでいくと、だんだん仏様が関係なくなるような話がでてきたりする。たとえばこんな話。

今の奈良県宇陀《うだ》市に、行いの正しい女がいた。子供が七人もいたのに貧しく、藤の蔓《つる》を編んで着物にしていた。野の草を食べ、家の中は綺麗《きれい》にし、子供たちにも感謝を忘れないようにと教えた。

感動した神様は、不思議の草を食べたその女を、空が飛べるようにした。「寺で修業をしなくても心を美しくして庭を綺麗にすれば、五つの功徳がある」とお経にあるのは、まさにこのことである。（上巻第十三）

ん？

子だくさんで貧しい人を助けるんだったら、家を豊かにしてあげるとか、ほかにやりようがあるでしょうよ。空が飛べるようにしたってどういうこと？

注釈を見ると、「いやそうじゃなくて、天にのぼる、すなわち極楽に行けるようにしてあげたってことであろう」なんて書いてある。そうかもしれない。でもそうだったらそう書いたと思うんだよね。原文には「天に飛ぶ（而飛於天）」としか書いてないの。女の人が死んだともなんとも書いてない。

僕はコレ、わざとだと思うな。わざとイメージが膨らむように書いているんだと思う。実際、楽しいところが思い浮かぶ。貧乏だけどがんばっているお母さんが、アラーなんて言いながらフワフワ空を飛んでいるところ。俯瞰《ふかん》で眺められるようになるから、山菜や木の実が実っているところも見つけやすくなって、高い木の上にある柿や枇杷《びわ》も採れて、結果暮らしが楽になるところが、目に浮かぶ。シンプルに書くことで、かえって読者に豊かな印象を与えるのは、文章の上級テクニックだ。

これは完全に僕の推測だけど、『日本霊異記』を書いた景戒《けいかい》というお坊さんは、布教のためにいろいろ話を集めているうちに、だんだん「話」というものの面白さにも気持ちが傾いていったんじゃないかと思う。そうじゃなきゃ、たとえば、こんな話を記すわけがない。

今の岐阜県岐阜市に一人の女がいた。二十歳をすぎても結婚も恋愛もせず、それなのにお腹が大きくなった。三年たって生まれたのは、二つの石だった。五寸（約十五センチ）ほどの大きさで、ひとつは青と白のまだら模様、もうひとつは青い石だった。これが年ごとに大きくなった。となりの郡に伊奈婆《いなば》という神様がいて、人の口を介して、「その二つの石は、我が子である」と告げた。それでこの女の家を神社にした。こんな話は、ほかに聞いたことがない。（下巻第三十一）

この女はさっきの「行いの正しい女」とは違って、どんな人だったか何も書いていない。聖人でもなんでもない。つまりこれは、いいことをすると神様の子を授かるとか、そんな話ではないのである。神様は出てくるけれど、ひたすら不思議な、「いにしえよりこのかた、いまだかつて見聞かず（ほかに聞いたことがない）」話なのだ。都市伝説である。

不思議な話は、人をひきつけてやまない。それを聞いたり読んだりする人ばかりじゃなく、書く人もまた、不思議な話、あるいは「話そのもの」に魅了される。

そして、もっと不思議に書いてみよう、不思議な感じが出るように書いてみよう、と思う。『日本霊異記』を読んでいると僕は、そんな作者の気持ちがあらわれているように思えてしょうがない。

……（女は）その日に死んだ。七日間、遺体は焼かれず置かれていた。僧侶と修行僧を三十二人むかえて、九日間の葬儀を行っていた、その七日目に、遺体はよみがえって、棺のふたを自分で開いた。棺の中を覗《のぞ》いてみると、耐えられぬほど臭かった。腰から上は、牛に変じていた。額に角が生え、その長さは四寸ほどもあった。両手は牛の足となり、爪が裂けて牛の足の爪に似ていた。腰から下は人間の形だった。ご飯をいやがって草を食った。食い終わると反芻《はんすう》した。衣を着ないで、糞土《ふんど》の上に腹ばいになった。（下巻第二十六）

高利貸しの女が死んだあとの文章だ。

僕が思うに、これは「話」というものが、都市伝説から「小説」になっていく過程である。

ただの都市伝説と小説の違い。それは小説が「描写」をする、ということなのだ。「ただの都市伝説」と僕がいうのは、情報のことである。どういうことか。

「口裂け女」を例に取ろう。

この話が流行し始めた頃、僕は高校生だったから、よく覚えている。大きなマスクをした女の人が公園に来て、「私、きれい？」と子供に尋ねる。「きれい」と答えると、女の人はマスクをはずして「これでも？」という。その人の口は耳元まで裂けている。――最初はこれだけの話だった。これだけの話で、充分に怖かった。

しばらくすると、「口裂け女は赤い服を着ている」という話が加わった。それから「きれいじゃない、と答えると、ナイフで殺される」という新説を聞かされ、ついには「百メートルを六秒で走る」「赤い傘で空を飛ぶ」「ポマードと三回いえば逃げる」と、だんだんナンセンス方向に話がふくらんだ。

ここには口裂け女に関する、情報だけがある。もうマスクを取っただけじゃや、怖くなくなってきたのだ。もっといろいろ、怖さを足していかないと、刺激が足りなくなってきたのだ。だから足が速いとか空を飛ぶとか、情報がえんえんと追加される。『日本霊異記』の高利貸しは逆だ。情報としては「上半身が牛になった」というだけだが、それなら「上半身が牛になった」とだけ書けばいいものを、においや、角の長さや、爪、草を食べた後に牛のように反芻するなど、細かく書いてある。

これが「描写」だ。これを読んだり聞いたりしたら、みんなゾーッとするだろう。そういう効果を見越して書いている。

時間を止めて、じっくりとあるものを見つめていくのが描写である。

都市伝説にしても、たとえば最近テレビやネットで見かける、プロの「怪談師」などが喋《しゃべ》れば、効果的な描写で話はいろどられる。怪談師が語るのは「ただの都市伝説」ではない。あれは都市伝説をネタにした話術である。話術は小説に近い「芸」だ。

「話」が書き手に持っている魅力と、描写によって、情報が小説になっていく。不思議な話とか、特殊な話じゃなく、「話」が魅力を持っている、というところが大事だ。

話をする、ということは、本来、魔術的な魅力を持っているのである。どんな話であろうと。

小説を書く人間は、「話をする」ということに魅了されている、ほとんど「話」に取りつかれている。

それは「不思議な話」に限らない。好きな人の話や、近所の人たちの話や、あるいは悲しい話、世の不正や理不尽を書く時にも、人はそれが書きたくてしょうがないから書いている。

書くのが苦しい、という人は多い。けれどもそれは、「うまく書きたい」「うまく書くやり方が判らない」から苦しいので、書きたくなければ書かなければいいだけの話だ。書きたいことに変わりはない。

ただ僕はやっぱり、昨日はアジの開きを食べました、というような話より、UFOや超能力や埋蔵金みたいな、不思議な、特殊な話の方が、「面白いから書きたい！」という魅力を持っていると思う。

どうもそれは、大昔の日本で小説を書いた人も、同じ気持ちだったんじゃないだろうか。

小説、という言葉が定着するずっと前から、日本には小説があった。それはたいてい「物語」と言われていた。

「物語」の歴史は古い。

日本でいちばん古い物語は、『竹取物語』だ。みんなどこかで聞いたことがあるだろう。かぐや姫の話である。誰が書いたかは、判らない。

日本最古の物語は竹取物語、っていうのは、たぶん中学か高校の授業で教わるんだろうから、まあ常識、みたいに思うかもしれないが、よく考えるとこれは、すごいことじゃないだろうか。いちばん古い物語が、この物語だということは。

だってそれは、こんな風に始まる物語なのである。

いまは昔《むかし》、竹取《とり》の翁《おきな》といふもの有けり。(中略) その竹の中に、もと光《ひか》る竹なむ一《ひと》筋《すじ》ありける。あやしがりて寄《よ》りて見るに、筒《つゝ》の中光《ひか》りたり。それを見《み》れば、三寸《ずん》ばかりなる人いとうつくしうてゐたり。(岩波文庫)

え！　と思う。どういうことだ！　と思う。

竹を取る仕事のおじいさんが、根元の光る竹を見つけた、というだけでも不思議である。しかもそれを見たら、竹の筒の中に九センチくらいの人間がいて、さらにその人が、素晴らしい美人だったというのである。ええっ！

忘れちゃいけないのは、これが、現実にあった話ではない、ということだ。そんなの当たり前でしょ、と思うかもしれないけど、僕が言いたいのは「ホントは竹の中にお姫様なんかいないんですよ」なんてことじゃない。

竹の中にお姫様がいた、という話を考えた人がいた、ということだ。その人が書いたのだ。

すごい想像力である。作者が判《わか》らないのが、僕はくやしい。

もちろん、これに似たような昔ばなしか何かが、きっとあったのだろう。……と、思うんだけど、どうも『竹取物語』には、これが元ネタだ、とはっきり言えるものがないらしい。もしかしたら、作者は元ネタなしでこれを書いたのかもしれない。さすがに完全オリジナルということはないだろうけれど。

でも『竹取物語』というのは、ちょっとやそっとの元ネタがあったくらいで、書けるようなものではないのである。なんとしても一回は読んでほしい。それもできるだけ予備知識を忘れて、何も知らないつもりで読んで貰《もら》いたい。衝撃的である。

かぐや姫は三か月くらいで普通の大きさになり（!）、超絶的な美人になり、世の男性たちがいっぺん顔を見たいと、家のまわりに群がってくる。中でも「色好み」の男が五人いて、しつこくってしょうがない。かぐや姫は五人の男たちに、根っこが銀で茎が金の木を持ってこいとか、龍の首にかかってる宝石を持ってこいとか、無理難題を押しつける。それはかぐや姫の正体と関係があるのだった。姫の正体とは、いったい……？読めばビックリ。Don't miss it!

これを誰かが、空想で書いたのだ。空想して、考えて、言葉を選んで、構成したのだ。実際に読んで貰《もら》えば判るが、『竹取物語』は言葉のセンス、特にユーモアのセンスが抜群である。書いた言葉で読者を笑わせるのは至難のわざだが、この作品は成功している。

日本最古の物語は、空想物語。空想物語で、日本の物語は始まった。

『竹取物語』は、そう長い話ではない。今でいえば、短めの中編小説といったところだ。では日本最古の長編物語はというと、『うつほ物語』というのがある。『竹取物語』と同じか、ちょっとあとくらいに書かれたものだと推察されている。

これがまた、とんでもないところから始まる物語なのである。

――清原俊蔭《きよはらのとしかげ》という大秀才がいた。あんまり秀才なんで十六歳で遣唐使に選ばれた。ところが唐に向かう船が暴風にあって難破し、ペルシャに漂着した。

そこに白い馬が来た。俊蔭が拝むと、白馬は俊蔭を乗せて走り、栴檀《せんだん》の木に連れて行った。そこでは三人の人が琴を弾いていた。俊蔭は琴を習った。

木を倒す音が聞こえてきた。それがあまりに美しいので、あの音がする木で琴を作りたいと、俊蔭は音を頼りに歩き始めた。三年歩くと、アシュラが木を伐っていた。天女が植えて帝釈天《たいしゃくてん》に捧《ささ》げるための木を、アシュラが罪滅ぼしに伐っていたのだ。木をくださいといっても、くれない。するとそこに雷鳴と共に龍に乗った童子が天から降りてきて、黄金の手紙をアシュラに渡した。そこには「木の下の部分は俊蔭にあげる」と描いてあった。それだもんでアシュラは……。

これで全二十巻の最初の巻の十分の一くらい。

イメージがぶっ飛んじゃって、頭がくらくらするのである。波乱万丈なんてもんじゃないのである。

『うつほ物語』は、この「俊蔭」の巻が過ぎると、俊蔭の孫が主人公になり、そこからはなんというか、フツウの話になる。つまりアシュラとか仙人とかは出てこないで、宮廷の恋物語と音楽物語になる。でもフツウになったなと思ったらいきなりまた怪奇なエピソードが出てきたりするから、油断ならない。

『うつほ物語』は日本最初の長編小説にしてはあまり知られてもいないし、読まれてもいない。でもそれには理由があるのだ。小説としてのバランスが整っていないし、文章もこの後に出てくる『落窪《おちくぼ》物語』や『源氏物語』に較べるとうまい感じがしない。作者が複数いて、しかもお互いに協力とか打ち合わせとかしないで、もとの原稿に話を継ぎ足していったような印象もある。

（あとどうやら、写本がきちんと残されていなかったようなのだ。残されたテキストを僕みたいな一般読者が読めるようにするまで、現代の国文学者たちは相当苦労をしたらしい。こんなに古くて歴史的にも重要な小説なのに、全体の文庫化は二〇二四年にやっと完成した）

さまざまな意味で完璧とは言えない『うつほ物語』は、その不完全さを含めて魅力に溢《あふ》れかえっている。むしろ小説家の僕には、欠点に見えるところこそ面白い。『うつほ物語』の作者には、お手本になるような長編小説がなかった。この小説は、その無人の荒野に思い切って踏み込んでいく勇気の現場である。

いくら尊敬してもしたりないほどの『うつほ物語』が、やはり空想物語で書き始められたということに、僕は驚く。

つまり日本では、最古の説話集も、最古の物語も、最古の長編も、空想物語だったのだ。

日本文学って、なんかそんなイメージがない。『伊勢《いせ》物語』とか『源氏物語』とか、リアルで抒情《じょじょう》的なのが日本文学の伝統、みたいに思える。実際そうでもあるだろう。けれどもそれは多分、『源氏物語』が凄《すご》すぎて、みんな紫式部の方向に行っちゃったからじゃないだろうか。リアルで抒情的な世界は美しく、哀《かな》しい。それに較《くら》べて、竹の中から女の子が出て来たとか、アシュラが木を伐ってたとか、そんな話は幼稚だ、みたいな風潮が、物語の世界の中で支配的になっていったんじゃないだろうか。実際、物語のファンタジー的側面は、小説ではあまり使われなくなって、『今昔物語集』や『御伽《おとぎ》草子《ぞうし》』といった説話集に追いやられていった。

しかし日本文学がぶっ飛んだ空想力を手放したことはない。紫式部の数百年後、日本文学には空想力の巨人が現われた。曲亭馬琴《きょくていばきん》だ。馬琴の『南総里見八犬伝』や『椿説弓《ちんせつゆみ》張月《はりづき》』は、ちょっぴりの史実にたっぷりの荒唐無稽を練りこんで書かれた、圧巻の空想物語である。

そして明治からこんにちに至っては、初めは空想科学小説と呼ばれたSF、ファンタジー小説からホラー小説、ライトノベルと、まさに小説に空想が色とりどりの花を咲かせている。

「小説はなんでも書ける」の「なんでも」は、まさに「どんな空想でも」の意味もあるのだ。

もちろん海外の小説にも、空想物語はたくさんある。中国に『西遊記』、ロシアに『巨匠とマルガリータ』、チェコに『山椒魚《さんしょううお》戦争』、フランスに『ガルガンチュア物語』、イタリアに『まっぷたつの子爵』、アメリカに『アーサー王宮廷のヤンキー』、ポーランドに『ソラリス』……こんな風に挙げていったら、キリがない。

中でも豊かな空想小説の歴史を誇るのが、イギリスだ。

イギリスの文学史は、ちょっと日本の文学史に似ている。始まりも八世紀から九世紀と同じ時期だし、残っている最古の文学『ベーオウルフ』は、英雄が巨人やドラゴンと戦う空想的な神話だ。文学といえば貴族の余技みたいなものだったところへ、シェイクスピアみたいな圧倒的な天才が市民階級から現れたのが十六、七世紀。日本でも文学の主役が貴族から市民に移るのは、江戸時代になってからだから、近い。

シェイクスピアは『真夏の夜の夢』や『あらし』で妖精を登場させたり、一応史実をもとにした『マクベス』にさえ魔女を出したり、空想的な劇作家だった。

イギリス小説初期の代表作に、ジョナサン・スウィフトの『ガリヴァー旅行記』がある。

この小説は絵本や子供向けの映画になったりしているから、童話のように思っている人がいるかもしれないが、実際は当時のイギリス社会を皮肉った、風刺小説だ。社会や政治について、ダイレクトにではなく、それとなく匂わせるのが、風刺だ。『ガリヴァー旅行記』で、小さい人間たちが戦争をしているのだが、その原因が「ゆで卵を細い方から割るのが正しいか、それとも太い方から割るべきか」という、しょうもないもので、これは当時のプロテスタントとカトリックの争いを風刺したものらしい。この小説にはそういうあてこすりが随所にある。

こういうのは、たぶん、小さい人間の国を空想してたら風刺のアイディアが浮かんだ、というわけではなく、逆に風刺をするために、空想の国を隠れ蓑《みの》に使ったんだろう。

空想はこのように、現実と小説とのあいだに置く、クッションのような役割に使われることもある。

イギリスでは十八世紀に「ゴシック・ロマンス」という小説のジャンルが生まれた。暗くて古風な雰囲気の、神秘的だったり空想的だったりする小説のことだ。これが十九世紀のイギリスでは、大いに流行《はや》った。

たくさん書かれた当時のゴシック小説のうち、時代を超え、ジャンルを超え、世界中に広がっていった作品がふたつある。メアリ・シェリーが書いた『フランケンシュタイン』（一八一八年）と、ブラム・ストーカーが書いた『ドラキュラ』（一八九七年）だ。

あの、マンガで「フンガー！」とかって言ってる、四角い顔の大男がフランケンシュタインだと思っている人が（いまだに）いるけど、あいつには名前がない。小説の中では「怪物」と呼ばれている。

フランケンシュタイン博士は、あの怪物を作った科学者だ。博士は、「生命というものは、いったいどこからどうして生まれてくるものなのか？」（芹澤恵《せりざわめぐみ》訳　新潮文庫）と考え始め、それを知るにはまず死を研究しなければならないと、死体を観察するようになる。その結果、「生から死へ、死から生へと転じる原因と結果」を発見してしまう。

「わたしは人間の創造に取りかかったのです」。
　こうして作り出されたのが「怪物」だ。

　時刻は午前一時をまわろうとしています。雨が陰気に窓を打ち、蠟燭《ろうそく》は今にも燃え尽きようとしていたそのとき、半ば消えかけたその不確かな明かりのなか、足元に横たわった物体の、くすんで黄味がかった瞼《まぶた》が、まずは片方だけ開くのが見えたのです。それから、その物体は荒く苦しげに、ひとつ息をつきました。すると、その四肢に痙《けい》攣《れん》が走りました。

　死んだ「物体」が息をついたのだから、実験は成功したはずである。だがフランケンシュタイン博士は、「物体」が動き始めた瞬間に、これを失敗と断定してしまう。

　その瞬間──そのとんでもない大失敗を目《ま》の当たりにした瞬間、こみあげてきた感情をどう言い表したものか……。これまで、文字どおり苦しみもがきながら、苦労に苦労を重ねてきた結果、こうして生まれたこのおぞましい生き物を、どう説明したものか……。

そしてフランケンシュタイン博士は、「自分の創りだしたものの姿に耐えられず」、なんと部屋から逃げ出して寝室に飛びこみ、寝てしまうのである！　怪物は自分の足で逃げ出し、そこから取り返しのつかない悲劇が始まる。

『ドラキュラ』は、イギリスの若い弁護士ジョナサン・ハーカーが、トランシルヴァニア（ルーマニアの山間部。当時はハンガリー領だった）に住むドラキュラ伯爵の古城を訪れるところから始まる。伯爵は弁護士に契約書を作らせて、ロンドンに家を買う。だがハーカーは気づいてしまう。ドラキュラ伯は人の生き血を吸って永遠の命をたもっている吸血鬼だ。大都会ロンドンに拠点を移し、人々を餌食にするつもりだ。ハーカーの婚約者も狙われてしまう！　ハーカーは帰国しようとするが、伯爵の魔力によって城から出られない。そのスキにドラキュラはイギリスに上陸してしまうのだ。

ドラキュラの恐ろしさは、単に人の血を吸って生きながらえるだけではない。

「……不死者は不死者になると、その変化とともに不死の呪いにかかる。彼らは死ぬことができず、時代を経るごとに新たな犠牲者をつくり、世の中の悪を殖やしていかねばならなくなる。なぜならば不死者の犠牲となって死んだ者は、すべて不死者となり、自分たちの仲間を犠牲にするようになるからだ。水に投じられた小石から水紋が広がるように、不死者はその犠牲者の輪を広げ続けて行くのだ」（新妻《にいつま》昭彦《あきひこ》・丹治愛訳 水声社）

この魔人に血を吸われた者は、自分も吸血鬼になってしまうのだ。その恐ろしい呪いによって、ハーカーの婚約者の友人ルーシーは、ドラキュラに血を吸われて吸血鬼になってしまう。

白い人影は再び動き出した。月の光のなかを、はっきりと見えるほど近くに来た。私の心は、氷のように冷たくなった。ルーシー・ウェステンラの表情が確認できた時、アーサーのうめき声が聞えた。それは確かにルーシー・ウェステンラであったが、すっかり変わり果てていた。可憐《かれん》な美しさは狷介《けんかい》で冷酷な残忍さへと変り、無垢《むく》な清純さは官能的な奔放さへと変わってしまっていた。ヴァン・ヘルシングが角灯を持ち上げ、遮光板を引き上げた。ルーシーの顔が明りで照らし出されると、鮮血がその唇を真紅に濡《ぬ》らし、一筋あごに滴り落ち、薄衣《うすぎぬ》の純白のローブにその痕を残しているのが目の当たりとなった。

ドラキュラを野放しにしておけば、ロンドンじゅう、イギリスじゅうが吸血鬼だらけになってしまうのだ。

……と、いうのは、すべて空想である。本当にあった話じゃない。シェリーもストーカーも、空想を描写して小説を作り上げている。

でも、怖いねえ。

空想って、怖い方向に行きがちだ。寝る前に空想したりすると、怖いことばっかり浮かんでくる。カーテンの影が人の姿に見えたり、物音が聞こえたような気がしたり。

怖い空想は、その人の不安の表れだ。

ということは、怖い空想の小説を書く人は、不安を抱いている。

そしてその不安に共感する人がたくさんいて、社会的に広がっていくようであれば、それは社会を作る人たちが、その不安を共有している現われなんじゃないだろうか。

『フランケンシュタイン』は、科学者が死者から生き物を作る話だ。

死ぬということ、命を得るということ。それは神様にだけできることで、人間にコントロールできるものではない。人間に、生死のコントロールなど許されない。十九世紀のイギリスには、そう思っていた人が多かっただろう。今だってそう思う人は少なくない。ちなみに僕個人もそう思っている。

しかし、科学技術はどんどん発展する。火薬が爆薬になる。医薬が毒薬になる。原子力が、原子爆弾になる。

それはいいことなのか。どうすればいいのか。そういうことをしっかり考える前に、科学が新しい技術を作り出してしまう。

『フランケンシュタイン』が書かれた十九世紀初めのイギリスは、科学技術が爆発的に発展した、産業革命の時代だ。蒸気機関が、石炭火力が、生産の工業化が、「それはいいことなのか?」という倫理的判断を、猛スピードで追い抜いていく。いいか悪いか、そんなこと蒸気機関は関知しない。関知しないまま科学技術は、一方的に発展していく。その発展は、二十一世紀の今も続いている。

僕は電気というものが、なんでこれほどいろんなことをできるのか、まったく知らない。知らないまま、電気なしでは生きていけない人間として、生きている。ふだんそんなことは考えもしないが、改めて考えてみると、怖くなってくる。

この怖さがまさしく『フランケンシュタイン』の怖さだ。科学技術は、どこまで進んで行くのか。生命をさえ操るようになるのか。善か悪か、許されることか否かを考える前に。

フランケンシュタイン博士は、自分が作り出した怪物をコントロールすることができず、それどころか、怪物を憎むあまりに、怪物から恨まれ、恐ろしい復讐《ふくしゅう》を受けることになる。

それは、今も人間が、科学技術から受けている復讐なのではないだろうか。津波によって破壊された原子力発電所は、フランケンシュタインの怪物のように、コントロールできない存在になってしまったのではないか。

『ドラキュラ』では、外国からやってきた吸血鬼が、吸血鬼を増やしていく。吸血鬼に接触すると、吸血鬼になる。

産業革命の中心、世界有数の大都市となった十九世紀末のロンドンには、外国人が押し寄せていた。外国人の中には、言葉の通じない人、貧しい人がたくさんいた。病気の人も当然いただろう。考え方や生活習慣の違う人は、もっといただろう。

都市が繁栄《はんえい》すればするほど、見知らぬ人は増えていく。人が増えれば道路は窮屈になり、犯罪も病気も広がりやすい。自分の周りに、どんな人がいるか判《わか》らなくなる。『ドラキュラ』には、そんな「繁栄」の裏側にある不安と恐怖が詰まっている。それはただドラキュラ伯爵という、特別な架空の化け物の話ではおさまらない。僕たちは今でも、都会の喧騒《けんそう》にまぎれて僕たちを狙い、夜中に襲いかかってくるstranger（見知らぬ人）におびえている。

実際、まさにこのような事態を、僕たちは経験した。新型コロナウイルスで、そういう不安を僕たちは目の当たりにした。

新型コロナウイルスは最初、中国で猛威をふるった。中国国内での問題だった時は、日本やいろんな国から援助があって、有志の人たちがマスクを送ったりしていた。ところがそれが世界的に蔓延《まんえん》すると、社会問題、国際問題になった。海外への渡航は制限され、学校は休校やオンライン授業、レストランも遊園地も閉鎖された。人とは二メートル以上の距離を取らなければならないと言われた。

そして「ヘイトクライム」が報道された。海外でアジア系の人たちが殴られたり、ののしられたりしたという。


私は動きを止め、伯爵を見た。脹《ふく》れ上がった顔に嘲るような笑みが浮かんでいた。それが私を激怒させたようだ。こんな魔物がロンドンへ移住するのを手助けしていたのだ。ロンドンへ行けば今後何世紀にもわたって、何百万という夥《おびただ》しい人々のなかで、血の渇きを飽くまで満たすことだろう。そしてそこで新たに悪魔を生み出し、そいつらは水紋のように止むことなく広がって行き、弱い者たちを犠牲にするのだ。こう考えると、私はすっかり頭に血が上った。この世界からこんな怪物を一掃したいという激しい気持ちが沸き起こった。

ドラキュラ伯爵が怖い顔をしているから怖いのではない。喉笛に食らいついて血を吸いにくるから怖いのではない。……それだって怖いけれど。

小説の空想は、その小説の中でおさまらないで、読む人の中にどんなものがひそんでいるかを、表現することができる。

第八章　小説は理想を託すことができる

空想というのは、もちろん、怖い空想ばかりではない。

ただ、人間というのは楽しいことより怖いこと、明るいことより不安なことを思いやすく、また恐怖や不安は人の気を引きやすい。

だから明るい空想、楽しい空想というのは、なかなか難しいものだ。

恐怖の都市伝説が人から人へと伝わりやすく、繰り返し語られるのに対して、楽しい話や笑い話は、すぐに飽きられ、しらけやすい。

ましてや楽しい空想を発想して、魅力的な登場人物を何人も揃《そろ》え、見たこともない風景を描写して書き綴《つづ》らなければならない小説を作るというのは、実に実に大変だ。さらにそれで人の心に残る傑作を創作するとなると、これはもう神業と言っても過言ではない。

そんな偉業を成し遂げた小説家がいる。

なんという驚き、なんという恐怖がわたしをとらえたことか！　いきなり殴りつけられたようなショックだった。なんだって！　ここに書いてあることが本当に実行されたのか！　そこに入ってゆけるほど大胆不敵な男がいたというのか……！（朝比奈《あさひな》弘治《こうじ》訳　岩波文庫）

恐怖とかショックと書いてあるのに、なんだろうこの明るさは。前後が判《わか》らないのに、ここにある「恐怖」が、不安で泣きそうになるような恐怖ではなく、見たことも聞いたこともない衝撃＝ショックという意味だろうと、なぜか感じられる。

……時は一八六三年。ドイツのハンブルクに住む地質学者リーデンブロックは、十六世紀の古い写本の中に一枚の羊皮紙を見つける。そこには珍しいルーン文字が並んでいて、アルファベットに直してみると、それはラテン語で書かれた暗号だった。

これはその暗号を、リーデンブロック博士の若き甥《おい》、アクセルが解き明かした時の気持ちなのである。そこにはなんと書かれていたのか？

ジュール・ヴェルヌの『地底旅行』は、この一枚の羊皮紙に導かれて始まる、誰も成し遂げたことのない冒険の物語だ。十六世紀の錬金術師が残したその暗号文は、アイスランドのある火山の火口に降りれば、地球の中心にたどり着くと告げていたのである。

こんなにワクワクする小説の始まりがあるだろうか？　三百年前の暗号というだけでも胸が高鳴る。しかもその暗号が告げる行先は、「地球の中心」だ。ほら穴や洞窟を探検するだけでも大変なことなのに、ち、地球の真ん中に行けるって！

リーデンブロック博士は、さっそくその火山に行ってみようと大興奮するのだが、若いアクセルはそんな興奮には乗らない。

「……地球の表面から降りてゆくにつれて、深さ二十五メートルごとに約一度温度が上がることは完全に認められた事実です。この割合が続くものとすれば、地球の半径は六千キロですから、中心では二十万度を越えることになる。したがって地球内部の物質は白熱したガス状になっているはずです。金やプラチナのような金属も、どんなに堅い岩も、そんな高温に耐えることはできませんからね。こんなところに人間が潜ってゆくことができるものかどうか、お尋ねしたいものですね！」

ヴェルヌは、地球の真ん中なんか行こうと思えば簡単だ、小説なんだから、作り話なんだから、なんて考えない。ちゃんと当時最新の科学知識を調べて、作品の中に取り入れている。

ちなみにここでアクセルが言っていることは、現代の知識に照らし合わせれば間違っている。地球の半径は六千三百七十八キロ、中心部の温度は五千五百度、中心は固体、というのが、今の地質学の常識らしい。科学は発展しているから、『地底旅行』をデータとして見れば、不充分で古臭いものだろう。

だがヴェルヌは当時最先端の科学でさえ、地球の内部については不充分なデータしか持っていなかったこともまた、小説に利用した。

「わかるだろう、アクセル」と彼は付け加えた。「地球の核がどうなっているかという問題は、地質学者のあいだにさまざまな仮説を生み出してきたのだ。内部の高熱説は全然証明されてなどいない。わしの考えでは地球のなかに高熱は存在しない。存在するはずがない。いずれにしても行ってみればわかるだろう」

僕は地質学について、何ひとつ知らない。科学のことも知らない。だから勝手なことを思うのだ。（もしかしたら今だって「全然証明されてなどいない」んじゃないか？）って。だって誰も見て確かめたわけじゃない。

このないだテレビでやっていたけど、地球の中心は内核といって、その外側に外核がある。その上にマントルっていうのが二千九百キロくらいあって、その上に僕たちの住んでいる地面、つまり地殻がある。地殻の厚さはだいたい三十キロくらい……ということになっているんだってね。

でも人間が掘った一番深い穴って、十二キロちょっとなんだって。ロシアの人が掘ったって。地面の半分いってないじゃん。内核外核が卵の黄身で、マントルが白身としたら、人類は卵の殻も掘れていない。しかもその穴、直径二十センチくらいなんだって。じゃ判んないじゃん、証明されてないじゃん、と僕は思っちゃうんである。いや証明されているんだよ、と科学者は、僕を駄々っ子みたいに思うかもしれないが、地球の中を見た人はいないというのは、まぎれもない事実だ。

僕が子供の頃は、「火星には運河がある」と書いてあった。ＳＦじゃなく、科学の本にだ。

今そんなこと、どこにも書いてない。なんか、ずるい。運河っていうのは人工の川だから、ということは火星には火星人がいるんだと思っていた。科学の本は、火星人については、口を濁していた（ように僕には思えた）。

もし僕が「運河って言ってたじゃん！」と言ったら、現代の科学者は、「あの時は火星がよく見えなかったんだ、よく見たら運河なんかなかったんだ」と答えるだろう。じゃ、地球の中心だってよく見たほうがいいんじゃない？　見てないんでしょ、まだ誰も。

そうっ。ここで『地底旅行』に戻るのである。「行ってみればわかるだろう」！　これだよ！

人類がいちばんがんばっても十二キロしか掘れなかった地球を、ヴェルヌは空想の力でずんずん進んで行く。まさに「小説はなんでもできる」そのものだ。

しかし『地底旅行』は、ただそれだけの小説ではない。

まず何よりも、読む者をうっとりさせる、描写の素晴らしさがある。

たとえば、博士とアクセルと、現地で雇った無口で頼りがいのあるガイドのハンスが、地底に海（！）を発見したところ。


湖か大洋かはわからないが、果てしない水の広がりが視界の彼方《かなた》までつづいていた。海岸線は大きく切れ込んで半円形を描き、砂浜には波が打ち寄せ、金色のこまかい砂のあいだには、かつて原初の生命が宿った小さな貝殻がちりばめられていた。岸辺に砕ける波は、閉ざされた広大な空間に特有の、よく響くつぶやきのような音をたてていた。軽い水泡《みなわ》がおだやかな風の息吹に乗って宙に舞い、ときおり波しぶきがわたしの顔にまで届いた。ゆるやかに傾斜したこの砂浜は、波打ち際から二百メートルほどにわたって広がっていたが、その先には巨大な岩の壁が上にゆくほど広がりながら、はかりしれない高さにまでそびえ立っていた。岩壁はところどころで海岸線を切り裂くように、尖《とが》った尾根を海に突きだして岬をかたちづくり、荒い磯波《いそなみ》に打たれている。はるか彼方に目をやっても巨大な岩の塊がどこまでもつづき、霧にかすむ水平線をバックにくっきりとその輪郭を浮かび上がらせている。

長い引用になってしまったけれど、読んでみてほしい。たとえ君がどこにいようと、読みだせばたちまちそこに、大らかな地底の海原が広がるだろう。

小説は文章でできているから、絵画や映画や漫画のように、視覚に直接訴えるイメージを作ることはできない。そのかわりに読者の一人ひとりにイメージする余地を与え、想像力を刺激する。この刺激は脳を活性化させる。

ヴェルヌは圧倒的な想像力の持ち主だった。その溢《あふ》れかえる想像力で、空想を文章にした。その空想は絢爛《けんらん》としてスケールが大きく、読む者をワクワクさせずにはおかない。

しかしこの小説の魅力はそれだけでもない。

ここに出てくるリーデンブロック博士は、怒りんぼで勇敢、頑固でせっかち、思い立ったら行動に移さないではいられない。モーレツな人物だが、その性格の根底にあるのは、力強い楽観的な精神である。
困難を極める地底の旅に、甥っ子のアクセルは何度もくじけそうになるが、博士は何があろうと進もうとする。

「ああ、運命はわしをこのような、ペテンにかけおった！」と、伯父は叫んだ。「自然の力が共謀してわしに逆らい、風も、火も、水も、すべてがぐるになって、わしの行く手を阻もうとする！　結構ではないか！　わしの意志がどれほどのものか、思い知らせてやろう。わしは負けん、一歩も引きはせん。最後に勝つのが人間か自然か、今にわからせてやるぞ！」

暗闇に放り出されようと、水や食料が底をつこうとも、リーデンブロック博士は前進をやめない。
ここには、現代から見ると批判の対象になるような思想も隠されている。

「最後に勝つのが人間か自然か」。自然に勝つ人間、という考え方のしっぺ返しが、こんにちの環境保護とかＳＤＧｓといった、自然への反省につながっていることは間違いない。ここには人間が自然に勝つのは当然だと言わんばかりの図々しさ、知識欲という名の傲慢がある（ただし現代の僕たちの暮らしが、そんな図々しさの上に成り立っているのを、忘れてはいけない）。

だがこの図々しさには、僕たちが学ぶべきものがある。それは博士の知識欲が、ただ彼の「意志」にだけ支えられている、というところだ。

博士にはスポンサーもいなければ、賛同してくれる人すらいない。あるのは温度計や磁石、それに頼りがいのあるガイドのハンスと、頼りがいのあんまりない青年アクセルだけ。あとはひたすら博士自身の楽観的な「意志」をエネルギーとして進んでいくのである。

失敗を恐れず、リスクを避けず、しかもその成果から利益を得ようとしない。彼らは自然に勝とうとはするが、自然から何かを奪うつもりはさらさらないのだ。

全身で自然に立ち向かう三人の姿は、時に心細く、時に無謀に思える。だがそれだけによけい、読む者の心を奮い立たせずにはいないのだ。

それはまさしく、作者ジュール・ヴェルヌの理想だったと思う。未知の世界に挑むこと。人間のためにあるのではない自然に、素手で立ち向かっていくこと。ヴェルヌはそういう人間の理想を、空想の力で描ききった。

小説にはそういうことができる。空想をひろげ、大嘘《おおうそ》の物語を描き、そこに作者の理想を託すことができるのだ。

第九章　小説は美を追求することができる

ボーイズ・ラブ（ＢＬ）という小説や漫画のジャンルがあって、流行しているそうである。

男性同士の恋愛を描いた小説や漫画のことだそうである。

「そうである」というのは、僕はまだ読んだことがないからだ。読んでみたいような気もするし、読まなくてもいいような気もしている。

なんで読まなくてもいいような気がしているかというと、男性同士の恋愛を描いた小説というのは、昔からあるからだ。

昔とは、昭和とか、そんな最近のことではない。僕の知る限り、室町時代からＢＬ小説はあった。「稚児もの」と、国文学者によってジャンル分けもされている。芝居なら能や歌舞伎にもあるし、短歌なら『万葉集』からある。

男性同士が恋愛をしてはいけないと、日本でいつから言われるようになったのか、僕はよく知らない。明治時代に西洋文明とともにキリスト教が入ってきてからだ、という話を、なんかで聞いたような気もするが、定かではない。江戸時代までは、男性同士の恋愛など、まあそういうこともありましょう、程度の認識だったようである。

ＢＬが人気になったおかげで、少なくとも小説や漫画やドラマでは、題材に男性が男性に惹《ひ》かれる話を取り上げても、別にアブノーマル扱いはされなくなっているようだ。当たり前である。恋愛というのは人それぞれで、他人が口出しするようなものじゃない。恋をして悩むとか、愛が成就して嬉《うれ》しいとか、失恋をして悲しいというのは、どんな恋愛も同じだろう。

じゃ、どうして異性の恋愛物語と、同性の恋愛物語は、区別されるのだろう。

それは多分、恋愛物語と現実の恋愛とのあいだにある区別と、関係がある。

小説を読む人には、「小説は現実ではない」という認識がある。それは小説を読む前からある、共通認識になっている。

だから小説は、現実を尊ぶ人から軽く見られもするわけだが、現実じゃないんだから、という安心感（のようなもの）のおかげで、気安く小説を読むことができるのでもある。小説は嘘《うそ》も、空想も、なんでも描ける。そもそも嘘や空想を読みたくて、小説を開く人だって少なくない。

現実はつらいことが多い。小説を読んでいる時は、つらさを忘れたり、つらさから逃れたりできる……という気持ちがある。

この気持ちを恋愛小説に当てはめると、「現実はつらい。でも恋愛小説は」ということになる。

つまり現実とは違う、別世界の恋愛を読みたい、という気持ちに、なりはしないだろうか。その気持ちにBL小説は、異性の恋愛物語よりも、応えているのではないだろうか。

いや、もうBL小説のことはやめよう。知らないことを知ったように語ってはいけない。

古い小説や芝居の「稚児もの」を読んだり見たりする限り、そこにある「愛」は、まず例外なく、若く美しい少年、青年に向けられたものである。BL小説もそういうのが多いんじゃないかと、僕は表紙絵を見て勝手に判断している。

現実の恋愛は見た目と無関係なこともあるし、利害関係や家族が絡んだり、世間体が気になったり、わずらわしいこともある。

そんなわずらわしさを一切はぶいて、ひたすら美しい少年を愛する、美青年が恋をする。そういう別世界が、同性の恋愛物語にはあるのだと思う。

つまり美しさへの憧れが、そこにはエッセンスとして描かれているのだろう。


それはまだ成人していない者たちのグループで、家庭教師か付き添いの人らしい女性に監督されて、籐製《とうせい》の小さなテーブルの周りに集まっていた。十五歳から十七歳と思われる三人の少女と、髪の長いおそらく十四歳くらいの少年。アッシェンバッハは、この少年が完璧に美しいことに気づいて愕然《がくぜん》とした。うち解けないその顔は青白く優美で、蜂蜜色の髪の毛に囲まれ、鼻筋は真っ直ぐ下に通って、口は愛らしく、優しく神々しいまでに生真面目な表情を浮かべ、もっとも高貴な時代のギリシア彫刻を思わせた。形式が最高の純粋さで完成されながら、一度きりの個人としての魅力も持っている。これを見ると、生身の人間であれ、造形芸術であれ、これほどに恵まれた実例には出会ったことがないと確信された。（岸美光《きしよしはる》訳　光文社古典新訳文庫）

国民的大作家として尊敬されている五十過ぎのグスタフ・フォン・アッシェンバッハは、執筆に疲れて一人、ヴェネツィアに旅をする。そこで同じホテルに滞在しているポーランド人家族の中に、あまりにも美しい少年タッジオを見出す……。トーマス・マンの『ヴェネツィアに死す』は、半分以上、ただひたすら、それだけの小説だ。（翻訳によっては『ヴェニスに死す』ともされているし、名作として知られる映画化作品には『ベニスに死す』という日本語題名がついている）

アッシェンバッハには妻と娘がいたが、妻はすでに亡くなり、娘は結婚して家を出ている。だからゲイではない……という保証はないが、初めのうち彼は、感情というより、「抽象的な、超越的でさえある問題」としてタッジオをとらえる。彼の知性は「美しい人間が生まれるために一般法則が個性と結び合わなければならない秘密の結合について思いを深め、そこから形式と芸術の一般的な問題に移り、けっきょく最後に、自分の考

R M
A T O
T E
V
E
N Z
E I

えや発見は、いわば上辺だけ幸福な夢の囁《ささや》きのようなもので、覚めた心で見れば、完全に味気ない、役に立たないものだと思ったのであった。」……と、なんか知らんがハイレヴェルなことを考える。あんまり楽しそうじゃない。

ヴェネツィアという場所も彼には楽しくない。というかまったく心地よくない。暑苦しくて、臭くて、観光客でごった返している。この気候はアッシェンバッハの体調に悪いようだ。いったんはホテルをチェックアウトして、街をあとにするのだが、運命のいたずらみたいなことが起こって、結局は同じホテルに戻ってくる。浜辺にタッジオの姿が見える。その瞬間に彼は、「血が騒ぎ、魂が喜び苦しむのを感じ、タッジオのせいで別れがあんなに辛かったのだと悟った。」

それからはもう、アッシェンバッハはストーカー一歩手前である。朝早く起きて、砂浜へ行く。そこがいちばんタッジオの姿を見られるからだ。彼はタッジオの一挙手一投足をこまかく観察し、考察し、陶酔する。アッシェンバッハの知性はソクラテスやギリシャ神話の神々を思い起こし、文学者としての表現力は、すべてタッジオの細かなふるまいを描写することに費やされる。――書き記すのではない。彼の心の中が、描写で一杯になるのだ。

一方でアッシェンバッハの健康はどんどん衰えていく。それだけでなく、ヴェネツィア一帯に、恐ろしいコレラが流行し始める。しかし国際的な商業地、観光地であるヴェネツィアは、それをひた隠しにしている、ということが判《わか》ってくる。「明日よりもきょう（中略）出発された方がいいでしょうね。封鎖の決定は二、三日のうちに下されると思います」と、事実を教えてくれた人は彼に勧める。観光客は、次々と逃げていく。だが、なぜかポーランド人家族は、相変わらず滞在を続けている。

もう一度書くが、グスタフ・アッシェンバッハ氏は国じゅうの尊敬を集めている名誉ある作家である。それ以前に五十代の常識ある大人である。当然、タッジオの母親に事実を告げるべきだろう。実際彼は考える。「出発してください、いますぐに、タッジオとお嬢さんたちを連れて！　ヴェネツィアに伝染病が広まっています」そう警告するべきだと。

彼は警告しない。

……帰郷だの、思慮だの、冷静だの、苦労だの、熟練だのといったことを考えると、嫌悪のあまり顔が歪《ゆが》んで肉体的な不快が露わになった。「黙っていなければならない！」彼は小声で激しく言った。「黙っていよう！」

アッシェンバッハはまともな判断ができなくなっている。彼らがヴェネツィアを離れれば、もうタッジオに会えない。彼はタッジオに会いたい……いや、ただタッジオを眺めていたいために、コレラの蔓延《まんえん》を隠すのだ。

自分も知っているという意識、自分も同罪だという意識が、少量のワインが疲れた頭を酔わせるように彼を酔わせた。災厄に見舞われ荒れ果てた町の姿が、荒涼と眼前に浮かび、心の希望に火をつけた。不可解な、理性などまたぎ越す、とてつもなく甘い希望だった。ついさっき一瞬夢見た優しい幸福など、この期待に比べたら何だろうか。カオスのもたらす利点に比べたら、芸術や徳が何だろうか。彼は沈黙して動かなかった。

『ヴェネツィアに死す』は、美しいものを発見する物語だ。しかし同時に、美しいものの危険、美しいものを発見することの恐ろしさを描いた小説でもある。

ちなみに僕はここでわざと「美しいもの」と書いている。タッジオは「もの」ではない。だがアッシェンバッハは、この少年を「もの」として眺めている。彼は少年と一度も言葉を交わさないし、近づきもしない。それこそ、まるで美術館でギリシア彫刻を見た時のように、うっとりと見物をしている。その見物はストーカーと違って、タッジオに危害は加えないし、タッジオを人間じゃないと思っているわけでもないけれど、「もの」扱いしていることに変わりはない。

してみるとアッシェンバッハもまた、小説が描く「ダメな人間」の一人なのだろう。しかし彼は、輝かない。いや、彼は自分を輝かせようとはする。しかし……

恋する者の例に漏れず、彼は相手に気に入られたいと願った。そしてそれが不可能かも知れないという苦い不安を感じた。彼は自分の服に気分を若返らせてくれる小物を付け加えた。宝石を身につけ、香水を使った。昼間はたびたび身繕いにたくさんの時間を費やし、おしゃれをして、高揚し、緊張してテーブルに着いた。

おしゃれをするだけでは物足りず、彼は床屋に行って白髪を染め、白粉を塗り、眉を描き、口紅を塗る。

もはや偉大な文豪グスタフ・フォン・アッシェンバッハは見る影もない。無理やり顔を白く、唇を赤くして、香水をプンプンさせた若作りの老人である。そういうのって、かえってみっともないんじゃやない？　という判断力も、もう彼にはない。

この男が最後にどうなるか。それはこの小説のタイトルが示している。

この世のものとも思われない「美」を、小説は表現することができる。

美しいものにうっとりと陶酔して、自分を見失ってしまう人間を描くこともできる。アッシェンバッハの陶酔は極端だ。自分を見失うどころか、「美しいもの」のために、自分を滅ぼしてしまう。

「美しいもの」は、人をそこまで引きずりこむことがある。「美」は、ただ心地よく、楽しい気分にさせてくれるだけではない。幸せにしてくれるとも限らない。

だが僕は、『ヴェネツィアに死す』という小説は、ただ美しいものについて書かれた作品ではないと思っている。

この小説は一九一一年から一二年にかけて書かれた。一九一一年に、作曲家のグスタフ・マーラーが五十歳で亡くなっている。トーマス・マンはマーラーと知り合いで、その作品を尊敬していた。作中に描かれるアッシェンバッハの外見には、マーラーの面影があるといわれているし、ファースト・ネームも同じ「グスタフ」とつけた。

マーラーの音楽は、十九世紀ドイツ音楽の究極であり、最後の形である。マーラーのあとには、シェーンベルクに代表される、二十世紀の音楽が始まる。二十世紀の音楽は、もう始まっていた。マーラーもマンも、それを知っていた。そしてマーラーは死んだ。

古いものが終わり、新しいものが始まる。新しい時代が始まることで、それまでの時代は古いものになる。

それをトーマス・マンは、いちはやく感じ取ったのではないだろうか。

メロドラマなんかではよく、若く美しい女性が死んで、彼女を愛した男が残される。『ヴェネツィアに死す』は逆だ。病魔に冒されて倒れるのはアッシェンバッハ老人で、美少年タッジオは家族とともにポーランドへ帰る。

古い時代の終わり。そんなことは、この小説のどこにも書いていない。作者も、そんなつもりで書いてはいないかもしれない。

だけど僕はそれを感じる。かつて確かに信じられていた知性や道徳、規律、生活。そういうものが、目の前でみるみるうちに古さびて、衰えて、死んでいく。

若く新しい人間は、何を考えているかも、どこを目指しているかも、古い人間には判らない。手が届かない存在だ。そして、ただただ美しい。美とはそういうものだと、この小説は告げているように、僕には感じる。

小説は美しさについて、そこまで語ることができるのだ。

第十章　小説は人を励ますことができる

小説には、なんでもできる。

お互いに意見や生活の違う人間を何人も登場させて、議論をさせたり戦わせたりすることもできるし、作者の考えをこめることもできる。現実にはないことをありありと描くこともできれば、世間では禁じられていることや、ダメな人間たちに照明を当てて、輝かせることだってできる。

そういう話をここまでしてきて、思うのだ。

なんでもできるんだったら、何をするのがいちばんいいか？

大金持ちになることか？　モテモテにモテることか？　世界征服か？

いいねえ。悪くない。どうせなら三ついっぺんに、モテモテの大富豪の世界大統領とかはどうだろう。

ただ残念なことに、なんでもできるのは僕や君じゃない。僕や君（や、ほかの人）の書いた「小説」だけが、なんでもできる。……どうせ現実じゃ無理だから小説で、っていうこともあるだろう。いかにも幼稚な考えだと思うけれど。それに僕の考えていることからは、ちょっとズレている。

僕の考えていることは、「なんでもできる小説は、何をするのがいちばんいいか?」ということだ。

思うにそれは、「読む人を励ます」ことじゃないだろうか。

苦しい気持ちだった人が、立ち直る。悲しいことがあっても、元気が出る。

小説がなんでもできるんだったら、読んだ人を励ますのが、いちばんいいと思う。

だけど、人を励ますって、本当に難しい。

押しつけがましくなっちゃったり、説教臭くなっちゃったり。かえって相手に引かれることにもなりかねない。そういうところは、人も小説もおんなじだ。

ただ、小説にはひとつ、読む人を励ますのに利点がひとつある。それは小説が「物語」だという点だ。

小説にある話は、読む人とまったく同じにはならない。読む人と小説の間には、距離がある。

これがかえっていいのだ。読む人は、「こんな人もいるな」「こういうこともあるな」、あるいは「こんなことになったら、どうしよう」と思いながら、時には主人公に同情したり、加勢したり、自分なりに考えていくことで、心を寄せていくことができる。

そうやって小説は、読む人を励ますことができる。


体育館の前にはもう、三人の男の子が来ていた。『飛《と》ぶ教室』という、わくわくするような題名のクリスマス劇《げき》の作者、ジョニー・トロッツと、学年でいちばん成績《せいせき》のいい、舞《ぶ》台美術担当《たいびじゅつたんとう》のマルティン・ターラーと、いつもおなかをすかせている、とくに食後は腹《はら》ぺこのマティアス・ゼルプマンだ。マティアスは、将来《しょうらい》、ボクサーになることをめざしている。口をもぐもぐさせながら、ゼバスティアーンといっしょにやってきたちびのウーリに、割《わ》れクッキーをつきつけた。

「ほら、ちっと食って、大きくなれ、強くなれ」

「おまえがそこまでばかじゃなかったら」と、ゼバスティアーンがマッツに言った。

「大声で言ってやるんだが。どうしたらかしこい人間がそんな大食いになれるんだ、ってな」（池田香代子訳　岩波少年文庫）

エーリヒ・ケストナーの『飛ぶ教室』は、一九三三年に書かれた小説だ。ちなみに一九三三年は、日本でいうと、昭和八年。

ドイツ語で書かれて、舞台はドイツの寄宿学校。ジョニー、マルティン、マティアス（マッツ）、ウーリと、登場人物も全員ドイツ人。

家から通うんじゃなくて、学校のとなりにある寄宿舎でみんな寝泊りをする「寄宿学校」なんて、あまりなじみ深いものじゃない。お金の単位は百ペニヒが一マルク。授業も「書き取り」があるんだけど、「なあ、ちび、『プロヴィンツ（州）』のおしまいはt・z《テー・ツェット》だっけ？」「ううん、z《ツェット》だけだよ」なんて、アルファベットの読み方もドイツ語だ。

二十一世紀の日本とかけ離れていること、はなはだしい。

それなのに僕は、この小説が自分と関係ないとは、とても思えないのだ。

Erich Kastner

『飛ぶ教室』を読んでそんな気持ちになるのは、僕だけじゃない。日本じゅう、世界じゅうに、この小説を大切に思っている人は、たくさんいる。

ジョニーは両親に捨てられた。マルティンのお父さんは失業中だ。マティアスは勉強ができない。ゼバスティアーンには友だちがいない。ウーリは背が低くて気が小さいので、からかわれている。

みんな苦しみと悲しみをかかえている。しかもその苦しみは、どれも自分たちが悪かったせいではない。なかったことにできる悲しみでもない。

だが彼らの中に、自分の苦しみと悲しみの中にただ沈みこんで、つらいつらいと呟《つぶや》いてばかりの人間は一人もいない。ケストナーの書き方——小説家としてつくづく思うが、この人の書き方は実に見事だ——のおかげもあるけど、どの登場人物もハツラツとしている。それはケストナーが判《わか》っているからだ。子供だろうが大人だろうが、人間には苦しみや悲しみがある、そして同時に、喜びや強さ、明るさも持ち合わせているんだ、ということを。

『飛ぶ教室』はクリスマス休暇までの数日間を描いた小説で、通しのあらすじというものはない。この作品は物語ではなく、人物を描いているのだ。

この小説を読む人はみんな、それぞれに気持ちをかたむける登場人物がいるだろう。それは自分の弱さやコンプレックスと、関係があるに違いない。家庭に問題のある人は、ジョニーやマルティンがどうなるかを追っていくだろうし、身体が弱かったり、いじめられたりしている人はウーリを、孤独は好きだけれど、でもやっぱり孤独な人は、ゼバスティアーンを見つめて読むだろう。

僕は子供のころから身体が頑丈だったから、マティアスが好きだ。好きだし、彼のふるまいを見ていると、自分が恥ずかしくなる。このボクサー志望の食いしん坊は、書き取りなんかできなくたって自信満々、自分より強い奴はいないと知っている。それなのに全然いばらない。人を見下したり馬鹿にしたり、一切しない。本当に強い人間は暴力をふるわない。マティアスは自分のダメなところを丸出しにするし（「おれの頭の悪さときたら、どうしようもないんだぜ」）、いちばん弱いウーリのことを、いつも気にかけている。マティアスの言葉を読むと、ああ、こうやって人は人を励ますんだな、と思う。こうやって励ませばよかったな、とも。

ところで、さっき僕は、『飛ぶ教室』が一九三三年にドイツで書かれた、という話をした。

二十一世紀の日本とはかけ離れている、とも書いた。

それはそうかもしれない。君や僕がこの小説から受け取る気持ちは、君や僕の個人的な気持ちで、歴史的にどうこう、という話とは関係がない。

けれども、ぜひ知っておいてもらいたいことがある。一九三三年とは、ドイツでナチスが政権を握った年でもある、ということだ。

ナチスがドイツに、そして世界じゅうに、どれほどひどい、深い傷を負わせたかは、誰でも知っている。知らなければ今すぐ調べてほしい。

ナチスは自分たちの優位を誇示するために人種差別を国の制度に組み込み、自分たちを批判する人や、考えの違う人間を迫害し、殺しもした。差別と迫害からのがれるために、多くの作家や哲学者、芸術家や科学者たちがドイツからカバンひとつで逃げなければならなかった。カバンのほかの財産は、ナチスに奪われた。

そんな中でケストナーはドイツにとどまった。ナチスに賛成だったからではない。ケストナーはナチスを批判しながら、ドイツに住み続けたのだ。ナチスはケストナーの本をドイツ国内で作らせなかった。ケストナーの本を燃やした。それでもケストナーはスイスで本を作り、名前を隠して映画の脚本を書いて生計を立てた。

ケストナーの子供向け小説は人気があったから、ナチスもおいそれと手が出せなかった。それでもケストナーは二度逮捕されている。いつ殺されるか、判らない日々だった。

『飛ぶ教室』は、そんな中で書かれた。

……ごまかさないでほしい、そして、ごまかされないでほしいのだ。不運《ふうん》はしっかり目をひらいて見つめることを、学んでほしい。うまくいかないことがあっても、おたおたしないでほしい。しくじっても、しゅんとならないでほしい。へこたれないでくれ！　くじけない心をもってくれ！

なぜケストナーは、ナチスが支配するドイツに踏みとどまったのか。

ドイツの人々が、すっかりナチスの言う通りになびいているわけではないことを、知っていたからだ。ごまかされ、うまくいかず、おたおたして、しくじって、しゅんとなって、しかし何をどうしたらいいか判らず、怖いからナチスに従っている人たち。あるいは、ナチスの言う通りにしていれば普通に暮らせる人たち。

ナチスが滅びて、ドイツが戦争に負けてから、ドイツの人々は非難された。人種差別や迫害の片棒をかついだのだと言われ、自分たち自身もそう思った。

それでも一九三三年のケストナーは、自分の言葉が、ドイツの人々に届くと信じて書いた。

ぼくがこれから言うことを、よくよく心にとめておいてほしい。かしこさをともなわない勇気《ゆうき》は乱暴《らんぼう》でしかないし、勇気をともなわないかしこさは屁《へ》のようなものなんだよ！　世界の歴史《れきし》には、かしこくない人びとが勇気《ゆうき》をもち、かしこい人びとが臆病《おくびょう》だった時代がいくらもあった。これは正しいことではなかった。

勇気《ゆうき》ある人びとがかしこく、かしこい人びとが勇気をもつようになってはじめて、人類も進歩したなと実感されるのだろう。なにを人類《じんるい》の進歩と言うか、これまではともすると誤解《ごかい》されてきたのだ。

特定の時代に、特定の人々に向けられた言葉が、ここでは、人類に届けられている。ケストナーは全人類を励ましている。

もう一度繰り返すけど、人を励ますのは、簡単なことじゃない。だからもし君が、小説を読んで励まされたら、その小説は一流だ。

ちなみに、君が「いいな」と思ったら、それはいい小説である。世間の評価は関係ない。あんまり売れてないみたいだとか、SNSで悪口を見たとか、そんなのは相手にしなくていい。

逆もある。つまり世間で文豪の傑作だとか、ナントカ賞を受賞したとか持ち上げられているからといって、「ああ、エラい人の文学ね」と、つい自分とは関係ないみたいに思っちゃう小説があるね。そういう敬遠しがちな小説の中にも、(これは自分一人の手の中におさめておきたい）と感じる小説が、不意に見つかったりもする。

まずキルプという名前が、気にいったのでした。Quilpとアルファベットで印刷した様子は、ネズミに似ていると思います。これが自分の名前だったらことだぜ、そう考えたと、最初の個人授業の後で忠叔父さんにいいました。——そうかい？ ディケンズは、悪役には悪役らしい名前をつけるものやから、という返事だったのですが、現役の暴力犯係長の叔父さんが妙に寂しそうだったので、僕は説明しました。（講談社文庫）

大江健三郎『キルプの軍団』は、こんな風に始まる。

大江健三郎といえば、ノーベル文学賞をとったんだから、文豪である。日本の文学賞はあらかた受賞しているし、外国語にも翻訳されている。典型的な「文学の偉い人」である。

そんな風に世間で思われているのが、僕は残念でならない。大江健三郎は偉い人、こっちは別に偉くない人、みたいに思って、「ヘムッ」とソッポを向いてしまう傾向が、あるんじゃないかという気がするのである。そんなの、若い頃の僕だけかもしれないけれど。

しかし大江健三郎の小説には、ひとつの共通点がある。読んでみると予想以上に面白い、という共通点が。中でも『キルプの軍団』は、物は試しと読み始めるのに最適の一冊だと思う。

また僕は小説を書いている人間として、いつも大江作品の書き出しって（うまいなぁ……）と思う。この書き出しでも、あえて意味不明のところから入って（キルプ？）、主要登場人物をぽんと登場させ、これから始まる小説の大きな要素――「僕」と、ディケンズと、「暴力犯係長の叔父さん」――を提出している。

しかしいろんな要素を詰めこんでいるだけに、じゃっかん読みにくい感じを受ける人がいるかもしれない。しかも大江作品は、ある時から人の台詞にカギカッコを使わなくなって、「――そうかい？　ディケンズは」……というように、縦棒で地の文と区切るようになった。やっぱりそんじょそこらの小説を読むのとは、勝手が違うところはある。

しかもこの小説、始まってしばらくのうちはこのキルプなる人物の出てくる、ディケンズの小説『骨董屋《こっとうや》』の話がけっこう続くのだ。もちろん小説だから、「僕」＝オーちゃんという高校生がオリエンテーリング部に入っていることや、オーちゃんの家族構成、忠叔父さんが刑事で、東京で研修を受けるために四国から出てきていることなど、設定も書いてある。ディケンズを読んでいるのも、オーちゃんの受験勉強の一環で、刑事の叔父さんが趣味でディケンズを読みふけっているから、ではあるのだが、よく知らない昔のイギリス小説の話がちょいと長く感じるのも否定できない。英語の原文が半ページ以上も引用されたりするから、その印象はますます強くなる。

ところがこの冗長にも思える部分をこらえて最初の五十ページをすぎると、急に緊迫したドラマが始まるのである。アッこれはどういうことだ!?　と思って読んでいくと、また刑事の叔父さんとオーちゃんは、ディケンズの話をするようになる。けれどももうそれを冗長とは思わない。これは何か意味がある、さっきのドラマとディケンズとは、きっと関係がある。そう思って読んでいく。

そうなったらもう止まらない。よくできたサスペンスみたいなスピード感とはまた違った独特のリズムで、オーちゃんは忠叔父さんの関わる事件（というか、環境）に、みずから巻きこまれていく。

小説の書き方には、こんな方法もあるのか！　そんなことを考えながら読んでいくと、オーちゃんは次第に叔父さんも望まなかったくらい、事件に深入りしていく。登場人物が増えていくにつれて、この小説は日常劇と政治劇と青春物語をごったまぜにして展開していく。その全体をディケンズが支えていく。

僕はあえてこの『キルプの軍団』のストーリーを細かく説明しないでおく（じかに読んでほしいから）けど、いっときは牧歌的とさえ感じられるようになるこの小説は、後半に至って急速に緊張感を増し、恐ろしい悲劇が起こる。そしてその取り返しのつかない悲劇に、オーちゃんは自分も加担しているかもしれないと思って、凄《すさ》まじい自責の念に駆られる。

しばらくあとから母に聞いたところでは、生命の危険こそないものの、そのままでは内臓に恢復《かいふく》不能のダメッジを受けることもありえたのでした。最悪の三日間が過ぎ、なんとかそこを乗り越えて、はじめて僕は正気の頭に戻ったのです。しかし、出来事を思い出すことができるようになった僕を待ちかまえていたのは、苦しい後悔の塊りでした。当然のことながら、発熱でおかしくなっていた間に、問題が解決されていたわけではない。胸をカキムシラレルような・みぞおちの奥がこわばって痛むような、この後悔に悩まされつづけるのならば、熱に浮かされて気が狂ったようになっていた状態が、まだ良かった、と思ったほどでした。

このあと『キルプの軍団』は、この苦しみからオーちゃんが回復していく姿を描いていく。

それは読む人によっては、他人事《ひとごと》だと思うかもしれない。

だがそんな人にだって、読めば判るはずだ。大江健三郎がこの小説で、読む人たちを懸命になって励まそうとしていることが。ディケンズとかイサクとアブラハムとか、難しい話が連続するし、文章も独特でスラスラ読めないかもしれないけど、作者がただオーちゃんという作中人物一人を救おうと思っているわけじゃなく、小説を通じて、読んでいるこっちに向かって、なんとか伝えようとしていることが判るはずだ。

励ましとは、何かためになることを言って聞かせることじゃない。励まそうとしているのが伝わる、ということ、それ自体が励ましなのだ。この、決して器用ではない小説家の書いた『キルプの軍団』を読むと、それが胸の中に入ってくる。

おわりに

小説にはこんなことができる、あんなこともできると、実例をあげて、ここまできた。

実は、小説にできることで、ひとつだけ抜かしたことがある。

それは「告白」だ。


小説では、作者の気持ちを告白することができる。

小説というのは物語だ。いや物語じゃないという人もいるけれど、そういう人の考えも判《わか》るけれど、僕は小説を物語だと思っている。お母さんが子供に語って聞かせる、浦島太郎や親指姫の話と同じだ。花咲かじいさんが入り組んで複雑になって、なんでも書けるようになったのが小説だ。

昔むかしあるところに、浦島太郎という男がいました……という話が入り組んで複雑になって、たとえばこんなことになった。

彼は怠惰《たいだ》で意志薄弱な男であった。そして他人にできる忍耐と勉強とが自分だけにはできないという自己嫌悪にいつも苦しんでいた。自分の性慾《せいよく》が並はずれて強く、頭はつねに女のことばかり考えているという自覚が、彼を責めつづけていた。（藤枝静男『或《あ》る年の冬　或る年の夏』講談社文芸文庫）

この「彼」はもちろん浦島太郎ではない。寺沢という医学を勉強している学生である。書いたのは藤枝静男という小説家で、本名は勝見次郎。「寺沢」ではない。ということは、この寺沢は架空の人物のはずだ。

しかし藤枝静男は「寺沢」と同じ年に旧制高等学校を卒業し、医科大学の受験に失敗している。東海の中都市で下宿生活を送ったのも同じだ。

そういう情報を仕入れた上で読むと、この『或る年の冬　或る年の夏』という小説は、人の名前や細かいところは変えてはいるけど、作者の青春時代をそのまま書いた小説だということが判る。

ということは、ここにある忍耐力がないとか性欲が強いといったことは、「寺沢」の人物描写というより、作者自身のことを書いていることになる。つまり、告白だ。小説の人物に託して、作者が自分について語る、告白するというのは、よくある。でも僕はそれを、「小説にできること」に含まなかった。

すべての小説が、作者の告白だと思うからだ。少なくとも、いい小説は。

藤枝静男のように、告白がある人、つまり自分の人生や心の中に、隠していたことや恥ずかしいと思っていたことがあって、それを語りたいと思う人もいる。そういう人の小説は、直接的な告白になるだろう。

しかし一見、作者の実生活とは関係のなさそうな物語が書いてある小説も、そこには作者の心が打ち明けられている。

ジュール・ヴェルヌは火山の火口に飛びこんで地球の真ん中を目指す旅になんか出なかった。『地底旅行』は事実をありのまま書いた小説じゃない。だけどここには、ヴェルヌの進歩を信じる心、冒険をうながす心が、はっきりとあらわれている。

同じように作り話であるメアリ・シェリーの『フランケンシュタイン』には、進歩を恐れる心、冒険への不安がこめられている。

自分の体験をダイレクトに書かなきゃ告白じゃない、などということはない（と、僕は思う）。

ブラム・ストーカーが『ドラキュラ』を書いたとき、「よし。私は外国人が感染症を運んでくるのが怖いのだから、その恐怖をもとに小説を書こう」なんてキッチリしたことは、考えなかったと思う（多分）。ただ吸血鬼の伝説や小説を読んで、これは怖い！と思って書いたんじゃないかと思うのだ。しかしできあがった小説『ドラキュラ』は、ただ化け物が血を吸いにやってくるというだけでは収まりのつかない、時代を反映した、そしてその時代の一員だったブラム・ストーカーの恐怖心を反映した、広がりのある作品になった。

つまり『ドラキュラ』や『フランケンシュタイン』には、もしかしたら作者自身も意識しないうちに、作者の告白が隠されていると思うのである。意識していない告白だって、告白だと思うのである。

小説と物語は違う、と考えている人たちは、あるいはこの「告白がこめられている・

隠されている」かどうかで、物語と小説を分けているのかもしれない。そうだとしたら、その考えは僕にもよく判る。

小説を書く人間には、大きく分けて二種類ある。

「小説を書く能力を持っている人」と「小説を書く能力がある、では済まない人」だ。夏目漱石《なつめそうせき》や芥川龍之介《あくたがわりゅうのすけ》、スコット・フィッツジェラルドや紫式部の小説には、何か鬼気迫るものがある。これを書いている人は、この物語を書いただけでは収まらないものをはらみながら、この物語を書いている。そう思わせるものがある。

その「収まらないもの」が「告白」なのかもしれない。違うかもしれない。僕はまだ、考えちゅうだ。「告白」と、ひと言で片づけてしまうのには、ためらいがある。書いている当人がそれに気がついているかどうかも判らないし。

だけどこれだけは言える。偉大な小説作品には、ただ「書ける人だから書いた・書けた」といって片が付くようなものはひとつもない。僕がこの本で取り上げた小説は、どれも何かしらの物語プラス・アルファがある。それでも小説が物語であるという僕の考えは揺るがないけれど、そのプラス・アルファが、小説を消耗品とそうでないもの、読み終わったらポイと捨ててしまえるものと、読み終えても心に残る「いい小説」との違いなんだろうと思う。

では、偉大な小説とか、いい小説というのは、誰がどうやって決めるのか。

君が読んで決めるのだ。

この本を読んで、そうか『偉大なギャツビー』はいい小説なんだな、とか、『キルプの軍団』は偉大な小説みたいだ、なんて思ってはいけない。君がじかに読んで、実地に確かめなければいけない。

この本で取り上げた小説の中には、君が実際に読んでみたら、「あれ？」と思うものも、あるにちがいない。

それは当然だ。君と僕とは、それぞれ違う心を持っているんだから。違う心の持ち主が同じ小説を読んでも、評価は同じにならない。

それでいい。そう思って僕は、いろんな種類の小説を取り上げた。ここにある小説は、どれも僕が「偉大な小説」と思っているものばかりだ。

それを君が読んで、ピンとこなかったり、退屈したりしても、それは君の欠陥でもなければ、知識不足でもない。まして悪いことでは決してない。君がそういう心を持っているというだけだ。

ここに挙げた小説を読んで、たとえ君の心に触れなかったとしても、その読書は時間の無駄ではないのだ。この小説は考えさせられる、しかしこっちの小説には感動しなかった。それはどちらも、君が小説を読むことで、自分を知り、自分を作っていく、という経験だ。読んでも読まなくても大差ない、君の経験にならないような小説は、この本には出てこない。それだけは自信がある。

小説にできることを紹介しながら、僕もここにある小説を読んでいった。何十年も読んでなくて、初めて読んだみたいに心の熱くなった小説もあった。読み終わってボーッとなったり、ちょっと涙ぐんじゃったりした小説もあった。

たとえ君が、小説なんかどうせ大したもんじゃないと、今は思っているとしても、きっとそういう経験をすると、僕は信じる。

ちくまプリマー新書

309 小説は君のためにある
――よくわかる文学案内
藤谷治
小説って何だろう。他の文章には無い特性ゆえに、僕や君の人生に意味を持つ。ではその特性とは何か。優れた名作に触れながら小説の可能性について考える。

053 物語の役割
小川洋子
私たちは日々受け入れられない現実を、自分の心の形に合うように転換している。誰もが作り出し、必要としている物語を、言葉で表現していくことの喜びを伝える。

273 人はなぜ物語を求めるのか
千野帽子
人は人生に起こる様々なことに意味付けし物語として認識することなしには生きられません。それはどうしてなのか？　その仕組みは何だろうか？

326 物語は人生を救うのか
千野帽子
世界を解釈し理解するためにストーリーがあった方が、人は幸福だったり、生きやすかったりします。私たちの周りに溢れているストーリーとは何？

318 しびれる短歌
穂村弘
東直子
恋、食べ物、家族、動物、時間、お金、固有名詞の歌、トリッキーな歌など、様々な短歌を元に歌人の二人が短歌とは何かについて語る。楽しい短歌入門！

ちくまプリマー新書

216 古典を読んでみましょう　橋本治

古典は、とっつきづらくて分かりにくいものと思われがちだ。でも、どれもがふんぞり返って立派なものでもない。さまざまな作品をとり上げ、その魅力に迫る。

001 ちゃんと話すための敬語の本　橋本治

敬語ってむずかしいよね。でも、その歴史や成り立ちがわかれば、いつのまにか大人の言葉が身についていく。これさえ読めば、もう敬語なんかこわくない！

200 つむじ風食堂と僕　吉田篤弘

ベストセラー小説『つむじ風食堂の夜』番外篇。食堂のテーブルで12歳の少年リツ君に町の大人たちが「仕事」の話をする。リツ君は何を思い、考えるか……？

300 雲と鉛筆　吉田篤弘

ぼくは、屋根裏の部屋に住み、鉛筆工場で働いている。大きなものが書かれた小さな本を読み、雲を眺め人生について考える。そんなある日旅立ちの時が来た。

400 物語のあるところ——月舟町ダイアローグ　吉田篤弘

おなじみの小説の舞台・月舟町に、著者自身が出かけていき、登場人物たちと「登場人物の自由」とか「物語はためになるか」などについて語り合う一味違う物語論。

ちくまプリマー新書

301 **翻訳ってなんだろう？——あの名作を訳してみる** 鴻巣友季子

翻訳とは、一言一句を見つめて「深い読書」をすることだ！　誰もが知っているあの名作を紙上で翻訳しながら読み解く、まったく新しい「翻訳読書」のススメ！

033 **おもしろ古典教室** 上野誠

「古典なんて何の役にも立ちません！　私も古典の授業が嫌いでした！」こう言いきる著者が、「おもしろい」を入り口に、現代に花開く古典の楽しみ方を伝授する。

333 **入門　万葉集** 上野誠

万葉集は、古代人のSNSです——日本最古の歌集の成り立ち、時代、人物や場所について親しみやすい超訳とともに解説。初めて読む人のための「感じる」入門書。

360 **徒然草をよみなおす** 小川剛生

「徒然草」は、本当に「無常観を主題とした遁世者の随筆」なのだろうか。どうもそうではないらしい。当時の文脈に置きなおすことで、本当の姿が見えてくる。

294 **源氏物語の教え——もし紫式部があなたの家庭教師だったら** 大塚ひかり

一人娘をもつシングルマザー紫式部は宮中サロンの家庭教師になった。彼女が自分の娘とサロンの主に施した女子教育の中味とは？　源氏に学ぶ女子の賢い生き方入門。

ちくまプリマー新書

151
伝わる文章の書き方教室
——書き換えトレーニング10講
飯間浩明
ことばの選び方や表現方法、論理構成をちょっと工夫するだけで、文章は一変する。ゲーム感覚の書き換えトレーニングを通じて、「伝わる」文章のコツを伝授する。

158
考える力をつける論文教室
今野雅方
まっさらな状態で、「文章を書け」と言われても、なかなか書けるものではない。社会を知り、自分を知ることから始める、戦略的論文入門。3つのステップで、応用自在。

224
型で習得！　中高生からの文章術
樋口裕一
小論文・作文・読書感想文・レポート・自己PR書など、学校や受験で必要なあらゆる種類の文章を簡単に書くコツを「小論文の神様」の異名を持つ著者が伝授。

232
「私」を伝える文章作法
森下育彦
書き言葉には声音や表情や身振りがない。自分らしく、自分の言葉で書くにはどうすればいいのか？　ちょっとした工夫と準備で誰でも身に付く文章作法を紹介！

021
木のことば　森のことば
高田宏
息をのむような美しさと、怪異ともいうべき荒々しさをあわせ持つ森の世界。耳をすますと、生命の息吹が聞こえてくる。さあ、静かなドラマに満ちた自然の中へ。

ちくまプリマー新書

311
5日で学べて一生使える！ レポート・論文の教科書
小川仁志

こんな入門書がほしかった！ 情報の調べ方、本の読み方から人の心をつかむ文章法まで、知りたかったワザがこれ一冊で一気にわかる！ 本物の添削レポート付き。

325
5日で学べて一生使える！ プレゼンの教科書
小川仁志

伝える力はこれからの時代、誰もが身につけるべき必須のスキル。話の組み立て方から、人を惹きつけ、芯から納得させるための技法まで、アイデア満載の必読書。

320
その情報はどこから？——ネット時代の情報選別力
猪谷千香

日々、空気のように周りを囲んでいる情報群。その中から私達は何をどのように選べばいいのか。情報の海で溺れないために大切なことを教える一冊。

160
図書館で調べる
高田高史

ネットで検索↓解決の、ありきたりな調べものから脱出するには。図書館の達人が、基本から奥の手まで、あなたにしかできない「情報のひねり出し方」を伝授します。

432
悪口ってなんだろう
和泉悠

悪口はどうして悪いのか。友だち同士の軽口とはなにが違うのか。悪口を言うことはなぜ面白い感じがするのか。言葉の負の側面から、人間の本質を知る。

ちくまプリマー新書472

小説《しょうせつ》にできること

二〇二四年十月十日　初版第一刷発行

著者　藤谷治（ふじたに・おさむ）

装幀　クラフト・エヴィング商會

発行者　増田健史

発行所　株式会社筑摩書房
東京都台東区蔵前二‐五‐三　〒一一一‐八七五五
電話番号　〇三‐五六八七‐二六〇一（代表）

印刷・製本　株式会社精興社

ISBN978-4-480-68494-3 C0295　Printed in Japan